今日を生きる

大平光代 著

中央公論新社

いのちの喜びを感じて

ダウン症の子は
ゆっくりと育つだろうから、
「悠《はるか》」と名付けました。
生後7ヵ月のころ

友人が試着を繰り返して
選んでくれた真っ白なドレスは、
首筋近くまでかかる刺青をすっぽりと
隠してくれました

10人の友人が開いてくれた
〝サプライズ〟の結婚パーティ。
ペアのクリスタルベアを手に、
「末永くよろしくね」と頭を下げ合って

2008年4月、『徹子の部屋』に
2人で出演。いたずら者の悠は、
徹子さんが手渡してくださったお花を
何度も「ポイ!」と放り投げで……

1歳6ヵ月のころ。ものを認識させ、
名前を教えるために、180度見渡せる
〝前向き抱っこ〟が定番スタイル

昔も今も、悠はお散歩が大好きです。
1歳7ヵ月のころ、以前に住んでいた
大阪市内のマンション近くの公園で

1歳11ヵ月のころ。
十分な離乳食が取れないうえ、
1回の授乳量が少ないので、3時間
ごとにミルクを与えています

自然のなかで子どもらしい
時間を過ごさせてやりたいと考え、
2008年の6月に、兵庫県の
山間の地に引っ越しました

新居ではガーデニングに
励む日々。春には、チューリップや
パンジー、フリージア、ヒヤシンス
などが咲き誇ります

天気のいい休日には
お弁当を詰めて、悠にはおかゆを用意。
家族そろってテラスで食事をすれば、
遠足気分です

ほぼ20年ぶりに
趣味のステンドグラスづくりを再開し、
作品づくりに熱中しています。
庭のミニハウスが工房に
変わりました

2008年8月。ゆっくりとした人生を
歩めること自体が、悠が私たち両親に与えてくれた
プレゼントだと思っています

自作のステンドグラス。
お正月用の飾りです。スーパーに
並んだ羽子板を見て図柄の
構想を練りました

目次

構成　佐藤万作子
カバー・表紙写真　川下 清
装幀　大久保裕文／新井大輔（Better Days）

口絵写真
p1　上／霜越春樹　中／川下清　下／河村基治
p2　上／後藤さくら　下2枚／谷口紀子
p3　上／谷口紀子　中／大平光代　下／川下清
p4　右上／川下清　右下・左上／大平光代　左下／谷口紀子

今日を生きる

序章

手作りの結婚式

刺青を包んだ純白のドレス

二〇〇七年十一月のこと、うれしいサプライズがありました。三連休で、友人夫妻から滋賀・琵琶湖畔の森にたつ別荘に招かれ、主人（川下清《かわしたきよし》弁護士）と私、娘の悠《はるか》の三人で出かけたときのことでした。着いてみると、庭にあるバラのアーチに、結婚式のウエルカム・ボードがかかっているではありませんか。

「あれれ、誰の結婚式やろ？」

と思っていたら、

「みっちゃん、あんたたちの結婚式やで」

そう言って、一緒に招待されていた一〇人の友人がみんなで出迎えてくれたのです。真っ白なウエディングドレスやブーケ。さらにピンクのサテンとチュールレースで手作りした、悠のための小さなドレスとおそろいの帽子まで用意してくれていました。

川下と私は〇六年二月に婚姻届を出しましたが、結婚式は挙げていません。二人とも再婚だということもありますが、それ以上に、私は首筋近くにまでかかる刺青《いれずみ》を背中に彫っており、ウエディングドレスも打ち掛けも着ることはできないとあきらめていました。そんな話を、姉とも慕う友人にしたことがあり、覚えていてくれたようなのです。

それぞれ忙しい仕事を抱えているにもかかわらず、半年がかりでプランを練り、主人と私に内緒で準備をし……刺青が見えないウエディングドレスを探して、結婚式場や貸衣装店を何軒も回ってくれたそうです。

私と同じ背丈の友人が試着を繰り返して選んだ真っ白なドレスは、すっぽりと刺青を隠してくれました。

添い遂げることを誓って

色とりどりの花があふれる広いダイニングルームで、結婚から一年九ヵ月目の、手作りの式と披露宴が始まりました。ドレスとベールに身を包みブーケを持つ私と正装した主人に、友人たちから「おめでとう」の声が飛びます。ピンクのドレスと帽子に着替えた悠も笑顔でパチパチと手を叩くまねをしてくれました。

「指輪も交換してなかったやろ？　代わりのものを用意したからね」

そう言って、友人たちが差し出してくれたのは、スワロフスキーの小さなペアのクリスタルベア。ウエディングドレスとタキシード姿です。

結婚前、主人は「指輪、どうする？」と聞いてくれたのですが、私は「いらんわ。指輪はあってもせえへんやろうし。いくら指輪してたからって、前の結婚のときだって別れたやろ？」と答えました。もともとそうしたものへの執着心がないのです。彼も同様でしたから、結局、私たちは結婚指輪を持っていませんでした。

そんな事情を知る友人たちが、指輪の代わりになる記念の品をと考えてくれたのです。主人が男の子、私が女の子のベアを手にして、その頭を「末永くよろしくね」と下げ合いました。友人たちを証人にしたこの儀式を経て、私たちは、あらためてお互いに支え合って生きていくことを誓い合ったのでした。

河原で割腹自殺を図って助かった一四歳のとき、「なんで助かったんやろう。なんで死なれへんかったんやろう」と思いました。私のことを気にかけてくれる友人に囲まれて、手作りの結婚式と披露宴で祝福される日が来るなどとは、想像もできませんでした。こんなにも晴れやかで満ち足りた時間が過ごせるなんて……。

あの日、苦しみながら河原に横たわっていた私の手を握りしめ、救急車が来るまで励まし続けてくれた若い女性をはじめ、通報から搬送、治療にいたるまで、たくさんの方々に助けられました。それ以後も、養父やたくさんの方々の支えを得て、いまの私があります。自分はひとりぼっちだと絶望に陥った時期もありましたが、そんなことはなかった。ただ私自身が周りを見ようとしていなかっただけでした。

この日、贈られた小さなクリスタルベアは主人と私の宝物です。もしも私が先に死んだら、遺骨になった私と一緒に男の子のベアをお墓に納めてもらう約束です。主人が先に亡くなるようなことがあれば、女の子のほうを連れていってもらいます。そうして、お互いが一緒にお墓の中に入る日を待ち、あの世でも、ともにいたい。

出会って三ヵ月後の結婚

大阪市助役（現・副市長）を辞任した直後の〇五年十二月、私は、川下がパートナー（オーナー）を務める大阪市内の法律事務所に客員弁護士として籍を置くようになりました。助役就任前から仏教の勉強を続け、出家するつもりで準備を進めていましたから、辞任後は当然、その道にと考えていました。ところが、ふと「このままでいいのかな。もっと違う人生があるのかも」という思いがよぎることがありました。客員弁護士のお話があったのはちょうどそんなときで、いま思えばなにかに導かれるように承知していました。

川下のことは、彼が大阪弁護士会の副会長（〇四年度）をしていたこともあって、以前から知ってはいました。でも、事務所に入った当初は、年齢からくるイメージもあって、彼のことを妻帯者だと思い込んでいました。普通は「結婚してます？」なんて聞きませんしね。弁護士の大先輩ですし、実際に事件の処理の仕方を見ていても、すごく勉強になる。私にとっては、ひたすら尊敬の対象だったのです。

ところがある日、ほかの人と話しているなかで、彼が離婚していることがわかった。「うん？　ひょっとして〝空き〟？」と思ったとたんに、彼を見る目が変わりました。いやあ、この人、独身なんや、私と一緒やという感じです。

「独身ってわかったとたんに、蜘蛛の巣をかけさせていただきました。この人、ひっかかったんです」

そんなふうに、よく冗談で友人にも言っています。

どちらかが言い出すまでもなく、自然にお付き合いが始まったのは、それから間もなくでした。十二月に出会って、翌年二月のバレンタインデーにはもう結婚。そのため、周囲からは燃え上がった恋のように受けとめられたようですが、実際は違っていました。ウマが合ったのか、最初から、お互いに一緒にいて疲れない、空気のような存在でした。

「この人とは一生一緒にいることになるんやないやろうか」

そう感じたのは、恋愛のごく初期のころ。それほど私にとって、居心地のいい人でした。

詳しくは別に書きますが、助役を務めていたころは、「だれもが敵なのでは?」と思ってしまうような状況に身を置いていましたから、男性、女性にかかわりなく、人と会うときは身構えるくせがついていました。だれの話を聞いても、「なにか裏があるのではないか」と考えるのが習い性になった。ところが、彼の話すことは素直に信じることができ、彼と一緒のときは〝地〟を出すことができました。

もともと私は、恋愛するなら相手は二、三歳年上でなかったらしんどいと思うタイプ。でも、年齢的なことだけでなく、私にとって大きかったのは、仕事上でも人間的にも尊敬できる存在だったということでした。恋愛から結婚となると、〝男と女〟でいられる期間は短いですよね。その後の長い人生を考えると、尊敬できなかったら一緒にはいられない。四〇代と五〇代の二人だからこそ、炎のような恋ではなく、静かな大人の恋ができたと思うのです。

彼と出会うまでは、生涯一人で生きていこう、死ぬときも一人だと思っていました。そこへ一緒にいられる人が現れたのですから、本当にうれしいことでした。

ただ、主人にとってはデメリットのほうが多かったと思います。私は「あの」大平光代ですから。でも、彼が私とのつき合いに躊躇することはありませんでした。

直接のプロポーズの言葉はなかったのですが、つき合いはじめて二週間ほどして、京都まで歌舞伎を見に行く電車のなかで、

「おふくろと親父に会う?」

と聞かれました。

「びっくりしはるんちがう?」

「かめへんやん」

翌週、大阪市内にある彼の実家にうかがいました。でも、内心では「息子には合わないとつき合いを反対されるのではないかと心配していました。だって、私は最初の著書『だから、あなたも生きぬいて』で明らかにしたような過去を持つ人間ですし、助役時代には「けんかがめっぽう強い」だとか、あることないこと報道されましたから。

最初、お父さんは「うちには弁護士二人もいらんからなあ」と冗談っぽく言われました。それで私が「はい、弁護士はいつでも辞めますぅ」と大阪のノリで受けたら、笑顔で「ほな、うちにいらっしゃい」と。

お母さんは私の手を握りながら、

「清のこと、よろしくお願いします」

そう言ってくださいました。私のような人間をご両親が温かく受け入れてくださったことがほんとうにうれしかった。

切迫流産・早産の危機

妊娠がわかったのは〇六年一月下旬でした。少し前から生理がないことに気づいてはいたんです。でものんびりしたもので、ストレスのせいで遅れているのだとばかり思っていました。

「アレ、生理あがった」

「更年期？　早いんやない？」

「いやいや、助役時代に神経使いすぎたしなあ」

一人でボケとツッコミを繰り返しながらも、念のためにと妊娠検査薬を使ったら、反応が出たのです。急いで知り合いの産婦人科の医師に診てもらうと、「二ヵ月の後半です」。計画して妊娠したわけではなかったけれど、うれしかったですね。彼は、前の結婚のとき、子どもができなかったということもありましたし、年齢も年齢でしたから、まさかできるとは思っていなかったようです。

ところが、超音波検査で大きな子宮筋腫があることが判明。医師から「妊娠の継続が難しいかもしれない」と告げられたのでした。そのため、彼はずーっと喜びを抑えていましたね。妊娠四ヵ月過ぎに医師から切迫流産の危険はなくなったと言われた後、初めて「よかった」と口に出して喜んでくれました。ほんとうにうれしかったようです。

流産は食い止められたものの、切迫早産の可能性は指摘されていました。予定日より一ヵ月早く陣痛が始まり、九月三日午前一時七分、緊急の帝王切開で出産。体重二八五四グラム、身長四六センチの女の子でした。ほかの新生児と同じように、小児科の医師立ち会いのもと、いろいろなチェックを受けました。主人はそのとき、いそいそとビデオカメラを回して生まれたばかりの娘を撮影していたのですが、主治医から「お話があります」と別室に呼ばれたそうです。

「ダウン症候群の可能性があります。検査に同意していただけますか」

主人がそう告げられたころ、私はまだ全身麻酔で眠っていました。出産後に子宮筋腫を摘出した際、三〇〇〇ccもの大量出血をした結果でした。

高齢出産でしたので、妊娠中、ダウン症かどうかがわかる羊水検査の説明を受けました。羊水検査をする意味は、ダウン症だとわかったときに産まない決断をするか、それでも産むと決めて心の準備をするか、その二つ。ダウン症だとわかっても産まない決断をするつもりはありませんでしたので、検査は断りました。

ハンディを背負って生まれてきた子どもも、そうでない子どもも、同じいのちを持っています。そのいのちを選別し、産まない選択をすることは、私には絶対にできないことでした。また、もしもダウン症の子どもだったとしても、事前に心の準備をする必要はないと思っていました。

とはいっても、多くの母親がそうであるように、漠然とですが、子どもは健常者として生まれてくるものだと考えていたことも事実です。ダウン症の子は一〇〇〇人に一人の割合で生まれ、両親が四〇歳を過ぎるとその確率が高くなることは知っていましたが、当時はまだ、ぼんやりしたイメージしかなかったのです。

主人も同じ考えでした。けれどもそれが現実となり、打ち明けなくてはいけなくなったときは、私のことを思ってためらったようです。

ダウン症と告げられたとき

私が麻酔からさめたのは、出産から四時間余りがたった明け方でした。主人は一睡もしないで、氷のように冷たい私の手をずっとさすってくれていました。

「名前、決めた?」

開口一番、私はそう聞きました。妊娠中に女の子だとわかり、私たちは「悠」と「唯」という二つの名前を考えました。どちらにするかは、出産後に主人が娘の顔を見て決めることになっていたのです。

「ううん、まだや」

それだけしか言わないのでおかしいと思ったのですが、

「とりあえず、いったん家に帰ってくる」

という彼を送り出しました。

入れ替わりに主治医が病室に来られて、

「出血して大変だったけど、子宮筋腫はなんとか取れたし、赤ちゃんも元気ですよ」

けれども、その後で、

「赤ちゃんのこと、ご主人からなにか聞いていますか」と訊ねるのです。

「なにも聞いてません」と答えたものの、なにかある、おかしいという思いがいっそう強くなりました。

午前一〇時ごろ、主人は再び病院に来てくれました。今度は友人夫妻と一緒でした。三人

そろって当たり障りのない話ばかりするので、もう一度、

「名前、決めた?」

と聞きました。

「まだや」

主人がそう答えると、

「ぼくら、お茶を飲みに行ってくるわ」

友人夫妻は病室を出て行きました。

「実は報告せなあかんことがあるねん」

二人きりになると、主人はそう切り出しました。このときにはもう、なにかあったのだと
私も覚悟はしていました。

「ぼくたちの子ども、ダウン症やねん」

その言葉を聞いてすぐ、

「あっ、そう」

私はそう答えたと思います。ショックはまったく感じませんでした。私の返事があっさり

したものだったので、主人のほうは拍子抜けしたようです。いったん帰宅して友人夫妻に電話したのも、私が取り乱すだろうと心配してのことだったようです。

「障害の程度、どのくらいかなあ」

「今の時点ではわからんわな」

「たとえどんなに重い障害を抱えていたとしても、精一杯育てんと」

「そやなあ、せっかくぼくらのところに生まれてきてくれたんやから、精一杯育てような」

二人してそんなことを話し合ったのでした。このとき、障害の程度が軽くても重くても、ダウン症の子はゆっくりと育つだろうから、名前は「悠」のほうがぴったりだろうと、そう決めました。

それから主人はすぐに書店に行き、棚にあるだけのダウン症関連の本を買い集めてきました。彼は以前、ダウン症児の親が手術を拒否した件に弁護士として関与したことがありましたが、病気については深く知らなかったため、情報を収集し、親としてできる限りのことをしてやりたいと考えたようでした。

私は片っ端からそれらの本を読みました。実は出産後、子宮筋腫の摘出後の大量出血で貧血を起こし、その後は帝王切開の傷口が開いて原因不明の壊死が起こり、四〇度を超す高熱で呼吸困難に陥っていました。症状が少し落ち着いてからも本を読むことが許されるような状態ではなかったのですが、看護師さんに見つからないよう、頭から布団をかぶって、こっそり読んでいました。

いのちのすばらしさを感じた瞬間

初めてNICU（新生児集中治療室）にいる悠と対面したのは、生まれて四日目でした。保育器の中でだら一んと人形のようになって眠っている娘に、

「悠ちゃん、はじめまして。お母さんですよ」

と話しかけながら、手や足を一所懸命さすりました。ダウン症児は、体や五感に刺激を与えるとよいと本に書いてあったので、早速、実行したのです。

悠はダウン症のほか、肺高血圧症、心臓病（心室中隔欠損症、心房中隔欠損症）、白血病（一過性骨髄異常増殖症）と診断されながらも、小さな体で力いっぱい闘い、「生きたい」といのちを燃やしていました。生きていてくれることのすばらしさをあらためて感じた瞬間でした。

幸いにも抗がん剤で白血病が抑え込まれたことから、十月二十七日に退院。〇七年一月四日には再入院して三時間にも及ぶ心臓の手術を受けました。手術は大成功で、二つ開いていた大きな穴は閉じられました。

いまのやんちゃな姿からは想像できないのですが、退院して自宅に戻ったといっても保育器の中にいたころと変わらず、ただ横たわっているだけ。自力でミルクを飲むこともできず、家でも鼻から胃へと通したチューブでミルクを送り込んでいました。けれども、それに慣れてしまっては、いつまでたっても自力で飲むことができません。そこで、チューブの前に毎回、哺乳瓶でミルクを吸わせていたところ、三ccから五cc、一〇ccと一回に飲む量が少しずつ増えていき、三月中旬には六〇ccにまでなりました。

その時点で主治医に相談し、思い切ってチューブを外してもらいました。先生は「一時間ごとにミルクをあげなきゃいけなくなるから、お母さん、お父さんが倒れますよ」と心配してくださいました。でも、要求することがなかった娘が〝腹減った〟攻撃をするのは、すごいことなんです。

もちろん、夜中にも授乳が必要ですし、一度にたくさん飲んでくれるわけではありませんから、当初は二人とも毎日くたくたになりました。でも、いつかは必ず授乳から解放される日がくるのだからと、どんなときも楽観的に考えてきました。

なによりも、悠が懸命に生きてくれていることが、私たちの喜びだったのです。

第一章

娘とともに歩む

子育てか仕事か

生後六ヵ月で仕事を再開

ずっと働き続けてきましたし、仕事のなかで「必要とされている」と感じてもいましたので、妊娠がわかってからも、ごく自然に、子育てと仕事を両立していこうと思っていました。それでも、当初は流産の危険があり、安定期に入ってからも早産の可能性があると言われたため、産後について具体的に考えるゆとりがなかなかできず、仕事継続に向けての準備を始めたのは、妊娠七ヵ月になってから。まずは二人のシッターさんに「生まれたらよろしくお願いします」と依頼しました。一人は近所の方で前からの知り合い。もう一人はインターネットで探し、実際にお目にかかって決めました。

所属している弁護士事務所には、毎日のように仕事の依頼が舞い込んでいました。とはいえ、産んでみないことにはどれだけの仕事をこなせるかがわかりません。そこで、以前から顧問を引き受けている会社のほかは、行政関係の仕事を中心に受任。無理のない程度に、産後三ヵ月くらいから半年間のスケジュールを組んでもらっていました。かなり前に引き受けていたあるシンポジウムだけは、出産予定の翌月に入っていたのですが、十分に乗り切れるつもりでした。

けれども、人生はそう計画どおりにはいかないものです。帝王切開で悠を出産後、原因不明の高熱が続き、呼吸困難に襲われるなど、起き上がることもできない状態になってしまった。生まれた悠もダウン症候群で、しかも心臓に穴が開いていて手術が必要だとわかりました。

熱に浮かされながらも、気になるのは仕事のことです。いつごろまでに健康が回復するとわかれば、事情を説明して待っていただくこともできる。けれども、原因不明では見通しも立ちません。一ヵ月後に迫ったシンポジウムは新聞に告知も出ており、直前の欠席となれば大変な迷惑をかけることになります。そこで、出産五日目にキャンセルさせていただきました。

しばらくして高熱は壊疽性膿皮症が原因であることがわかり、治療の見通しも立ちました。また、悠の手術も成功して、生後六ヵ月で退院。さっそく、シッターさんに一日二時間、午後二時から四時まで来ていただくようにお願いしました。悠がシッターさんに慣れてくれなければ仕事に戻れませんから、慣らし期間のつもりで、その間に買い物などの用足しをするようにしたのです。二時間後に家に戻ると、悠はすやすやと眠っていることが多かったので、安心していました。

やがて少しずつ仕事を再開。といっても朝から夕方まで事務所に出ていなければできない仕事ではないので、短時間の打ち合わせなどには悠を連れて事務所へ行っていました。仕事中は事務所のスタッフに世話をお願いしたり、事務所のパートナーである主人にスケジュールを調整してもらって任せたり。主人に育児休暇を取ってもらうこともありました。

アグネス論争に思う

二〇年ほど前、アグネス・チャンさんが子連れで講演活動などをしていることに対し、林真理子さんらが〝甘え〟だと指摘し、いわゆる「アグネス論争」が起きました。いまあらためてそれらの記事を読み返すと、働くことについて、両者の捉え方に相当なずれがあり、同じ土俵の上で論争していないと感じます。商店のおかみさんが従業員の手を借りながら子どもを店で育てる、そういう働き方は昔からあったわけです。私の場合も、主人がオーナーの事務所だから、子連れで〝出勤〟できる。それが可能な環境にある人は、そうしたらいいと思うんですよ。

もちろん、仕事は趣味と違い、労働の対価としてお金をいただくわけですから、自制は必要です。時と場所、相手によっては当然、〝子どもを連れて行かない〟選択もしなければなりません。私も、たとえ子どもが入院していても、仕事を引き受けた以上は、頭から締め出します。携帯電話もマナーモードではなく、スイッチを切っていました。

その一方で、働き方はこうでなくては――と四角四面に言う必要もないと思っています。みんなの合意が得られるなら、一定のルールを設けて職場で子育てのできる会社があっていい。二〇年前のアグネス論争を超えて、もう少ししなやかな働き方を実現させていきたいじゃないですか。そうでないと、いつまでたっても女性は「育児か仕事か」の選択から逃れられないことになります。

両立プランを白紙に

悠が一〇ヵ月になった夏のことです。少しずつ仕事を再開していたある日、いつものようにシッターさんにお願いして家を出たものの、途中で忘れ物に気づいたのです。急いで家に戻って玄関を開けたところ、火がついたように泣く悠の声。いままでそんな泣き方をしたことはありません。驚いて部屋に入ると、抱っこして一所懸命にあやしてくれているシッターさんが、困り顔で私を見ました。

「ここ数日は奥さんが出かけてしばらくすると泣き出してしまい、お留守の間はずっと抱っこしていたんですよ」

急いで悠を胸に抱き取ったところ、ピタリと泣き止むではありませんか。そのころから、母親への〝後追い〟が始まったようです。

家を空けて帰ってきたときはいつも眠っていましたが、泣き疲れてのことだったのでしょう。ボーッとして、反応が少なくなっていたことにも気づきました。いまは悲しくて泣いているだけであっても、それが積み重なったらどうなるだろうか？「泣いても、母親に会いたいという要求は通らない」ことを学んで、またなにも要求しなくなるのではないかと恐れました。

この時点で、子育てと仕事の両立プランを白紙に戻すことにしました。もともと「仕事の継続」は、悠が大きくなったとき「自分が健常児ではないから母親が仕事を辞めることになってしまった、犠牲にしてしまった」と思ってほしくないから、と決めたことです。でも、悠が私を求めているのなら、よけいな気遣いをせず、この子と一緒に過ごそうと思いました。

子どもが涙ながらに親の後を追うのは一時期のことだという知識はありました。保育園に子どもを預けて働くお母さんたちは、みなさんその関門をくぐり抜けてこられたことも承知しています。私も、悠が保育園に通っていたのなら、しばらくの我慢だと割り切ったことでしょう。保育園にはお友達がいるので、気を紛らわすことができますからね。でもこのときはまだ、感染症の心配などがあって保育園には預けられなかったのです。

母親の代わりはだれにもできない

以前のように仕事ができないのはもったいないし、後悔はなかったのかと、よく聞かれます。でも、後悔はしていません。

仕事で私の代わりはいても、悠の母親は私しかいないからです。だれも代わりはできない。弁護士としての私を頼りにしてくださる方はたくさんいました。でも、なにがなんでも私でなければならないというわけではなく、どんな仕事であれ、私よりも熱心にやってくださる方がいらっしゃる。「自分でなければ」と思うことはおごりなのです。そんなふうに考えて、お受けしようと思っていた仕事の大部分をお断りしました。

それに、子育ても大切な〝仕事〟です。親は、子どもが自立できるように愛情をかけて育んでいくという大切な任務を負っている。それをきちんと果たすことが、いまの私の大切な仕事なのです。

育児休業中の方はともかく、仕事を辞めて子育て中のお母さんは、「社会から取り残されている」という不安感を持つと聞きますが、外に出て仕事をしなくても、社会とは十分に関われますよ。〝ママ友〟と会っておしゃべりしたり、それができなくても電話やメールなら簡単に話せます。大切なのは、子どもと二人きりの世界に閉じこもらないよう、積極的に外部の人と交わっていくことではないでしょうか。

私の場合は、新聞を読んで、社会との接点を保つようにしています。それも単にニュースを知る目的ではなく、仕事の視点で読むのです。たとえば同じ交通事故でも、時代の流れで科せられる刑の重さ（量刑）が違ってきますから、弁護士は、いわゆる〝量刑相場〟を知っておかないと仕事になりません。いつ仕事に復帰するという目標があるわけではありませんが、情報収集が習い性となっているんですね。結果として「社会から取り残されている」感が払拭されているのかもしれません。

主婦の〝腕前〟を仕事にする

仕事に関する能力や情報のブラッシュアップは、職場復帰を考えている人には不可欠です。企業から女性社員の処遇についての相談を受けてはきましたが、男女雇用機会均等法ができても、経営陣の考え方が変わらないかぎり、女性が出産後に働き続けることは難しいと実感しました。

けれども経営側は確実に、「有能な女性社員には出産後、復帰してもらいたい」と考えるようになっています。こうした要請に応えるには、働く側も出産・育児休暇中に仕事のカンと腕を鈍らせない努力が必要です。家庭に入った人たちも、いつまたチャンスが訪れるかもしれません。ブランクを感じさせない働き方ができるよう、常にアンテナを張り、自分を磨くよう心がけてください。

家庭に入ってずいぶんになるから、もう仕事には復帰できないと思い込んでいる方がいらっしゃるかもしれません。でも、それは違います。そもそも会社勤めだけが仕事ではないのです。主婦業で培った〝腕前〟が立派な仕事になっている例は、たくさんあります。

私が通っていたパンの教室もそうでした。一回三時間、五回で修了のコース。少人数制ですから細かいところまで丁寧に教えていただけます。先生は長い間、専業主婦だった方で、自家用のパンを作っていたところ、お友達から教えてほしいと言われたのをきっかけに教室を始められたとか。自宅マンションの台所を使い、ＰＲはインターネットと口コミ。こういう形の開業でしたら、資金もあまり必要ではないでしょう。

一時、専業主婦バッシングが起きたこともあり、主婦は肩身が狭いと思っていらっしゃるかもしれません。でも発想を転換すれば、主婦業は仕事に備えた〝修業中〟の身とも言えます。いやいや料理するのでは単なる作業ですが、家族に喜んでもらいたいと工夫をこらした料理や、そのために磨いた腕前には、商品価値が生まれる可能性があるのです。パンに限らず、お菓子、子ども服、アートフラワーなど、自分の好きなこと、得意なことが仕事になりうる。テレビや雑誌で見かける〝カリスマ主婦〟にならなくても、仕事を作り出すことはできるのです。

しなやかに生きていきましょう

一所懸命勉強していい会社に入り、がんばって仕事をしていたのに、燃え尽き症候群になってしまって、子どもができたのを契機に家庭に入った。それ以来、不全感がつきまとって、なにをしていても気が晴れない。自分の人生はこれで終わり……と落ち込んでいる方がいらっしゃるかもしれません。キャリアを積んで会社で出世することだけがすばらしいと思い込んでいませんか？　人生にはいろんな選択肢、いろんな時期がある、ということを思い出してください。毎日の家事や子育てが、もっと輝いてくるはずです。

ただ、子育てで家庭に入った場合、気をつけなくてはいけないことがあります。子どもに見返りを求めないことです。向き合う時間を過ごすうち、子どもべったりになってしまって、子どもが親離れしようとすると「あんなに大切に育ててあげたのだから、あなたも私のことを愛し続けなさい」と見返りを求めてしまう……。

一所懸命育てた子どもが離れていくのは寂しいことだと思います。でも、それが親の宿命であり、私たちの親もそうやって育ててくれた。なんの見返りも求めず、ただ慈しんで育て、社会に送り出してくれたのです。

子どもが自立したあとで喪失感に陥らないためには、そうした親の宿命を常に自覚しておくことです。同時に、子育てしながらできる楽しみを見つけることも大事。私も、通信教育で薬膳料理の勉強を始めました。私たち夫婦は四〇代と五〇代、悠も体が弱いので、家族の健康づくりをするためです。食は健康の源ですからね。でも、私のことですから、趣味が高じて、いつか薬膳料理のお店を始めるかもしれません。弁護士業については、お店の片隅で相談に乗ったり、インターネットで答えたり、というのもいいかも。「こうでなければ」という考え方は捨てて、しなやかに生きていきましょうよ。

周囲と比べないで

ある病院での出来事

悠を連れて定期的に病院の小児科外来に通っています。重い疾患を診るいわゆる二次病院で、待合室ではダウン症や脳障害、心臓病、白血病など、さまざまな疾患を持つ子どもたちが診察の順番が来るのを待っています。待ちくたびれないように大きなマットレスというか、ソファのようなものが置いてあって、そこで遊ぶこともできるようになっているんです。

悠が一歳を過ぎたころのことでした。その遊び場で悠をハイハイさせていると、三〇代くらいのお母さんに声をかけられました。

「何ヵ月ですか?」

「一歳と一ヵ月なんです」

と言いましたら、

「えー、一歳になってはるんですか？　小さいですねえ」

その方の子どもさんは幼稚園か小学校に上がったぐらい。同じように診察を待っているのですから、なんらかの疾患を抱えているのでしょう。私がなにも答えずにいると、彼女は言葉を重ねてきました。

「小さいですねえ。標準と比べてどうなんですか？」

「小さい」ぐらいなら、まだ我慢もできたのですが、「標準と比べて」でプチンと切れてしまって。子どもたちはみんな、なんらかの先天的な病や障害を抱えてその病院に来ているのです。「標準」なんていう言葉はありえないだろうに、よくこんな無神経な発言ができるな、と腹が立ちました。

私に向けられた言葉でしたが、ほかのお母さん方も聞いてらしたので、これは言うとかなアカンと思って、少しきつい口調で反論しました。

「小さかったらあきませんか。私の子が小さいことで、あなたになにか迷惑かけたんですか」

「……そんなことありません」

そう言って黙ってしまわれました。

そのとき、これは私だから言い返せたんだ、でも、世間からこういうふうに言われて言い返すこともできず、つらい思いをなさっている方も多いだろうなと実感しました。

同じダウン症のお子さんや、なんらかの障害を持つお子さんのお母さんから相談を受けると、私は「どんなことも、ほかの子と比較なんてしたらアカンよ」と言ってきました。でも、それだけではだめなんですね。「比較したらアカン」ということは、だれよりもお母さんたち自身がわかっている。だけど、〝世間〟がそれを許してくれない。そこをフォローしていかないと、「つらくても我慢しなさい」と、ただ忍耐だけを押しつけることになってしまうのだ、と気づきました。

「標準」という目

いやな思いをするのは、病院だけじゃないですよ。服を買いに行っても、そう。一歳半のころでも、体重が六キロ余りしかなかった悠の洋服のサイズは70（生後半年で着るとされる大きさ）でした。

「70をください」

店員さんにそう言うと、必ず、

「お子さんは何ヵ月ですか」

そう聞き返されるんですよ。最初のうちは、

「一歳二ヵ月です」

とか律儀に答えていました。だけど、

「それなら90ですよ」

と、別のサイズを薦められる。

「いや、70をくださいと言ってますでしょ」

もう一回言わなきゃいけない。

わざわざ年齢を確認して、それならこのサイズだ、という決めつけが、非常に無神経なんですよね。私の子はたまたま小さいけれど、逆に大きい子だっているわけです。子どもの成長について悩んでいるお母さんがたくさんいる状況で、そんな〝標準〟の押しつけをするなんて、配慮がなさすぎます。

お店の側にしてみれば、サイズの間違いがあってはいけないという親切心から、マニュアル通りに確認しているだけでしょう。でも、毎日子どもに接している母親は、わざわざ言われなくてもサイズを把握しています。「これぐらいの年齢なんですけど、サイズがわからないので」とアドバイスを求められたときだけ対応すればいいのです。

ささいなことだと思われるかもしれません。でも当事者は傷ついて、自分ひとりで抱えこんでしまうんです。母親にとって標準からずれることがいかに深刻な恐怖であるかを知ってほしい。妊娠していることがわかった瞬間から、母親は標準という尺度で一喜一憂させられることになります。お腹のなかでちゃんと成長してくれているかどうかから始まり、出産後は子どもの身長、体重などの増減、もう少しすると言葉や運動能力、就学すると成績……どこまでいっても際限がない。比べてはいけないとわかっていても、そうせざるをえなくなってしまうんです。どこへ行っても標準と比較する周囲の目があるからです。

そうした悪気のない世間の無神経さが、母親を追いつめて孤立化させ、結局は育児ノイローゼに陥らせてしまう。支える人がだれもいなければ、彼女はそれをひとりでずっと引きずっていくわけです。なにか事件が起きるたびに「あのお母さんはなにも相談してくれなかった」と関係者や周囲の方々がおっしゃる。けれども、言えないような世の中にしてしまっているんです。

母乳があげられない母親もいる

母乳に関しても、同じこと。「母乳で育てましょう」と盛んに言われていますし、育児書などには「生まれたばかりの子ども自身にはまだ免疫力がないが、最初に出る母乳（初乳）を与えることでカバーできる」などと書かれている。なにがなんでも母乳で子育てしなくてはいけないという気持ちになります。もちろん、母乳にそういう利点があることは間違いないのでしょう。でも、たくさん出るお母さんばかりとは限りません。仮に出ても、子どもには与えられない場合もあります。与えたいのに与えられない。そのときのつらい気持ちといったらありませんよ。

私も出産後に壊疽性膿皮症にかかり、ステロイド剤を注入していたため、母乳を与えることができませんでした。そのことで傷ついたり落ち込んだりすることはありませんでしたが、「初乳も与えてやることができへんかった」という、子どもに対する申し訳ない思いは、いまも持っています。飲ませることができなくても、おっぱいは張ってきますから、搾って捨てなくてはいけない。母親としてはほんとうにつらいことです。一滴でも与えてやりたかったですね。

そういう与えられない母親の気持ちのことは念頭にないのか、「母乳が一番」と言ってはばからない人が結構いらっしゃいます。安倍元首相の肝いりで発足した教育再生会議の方々もそうでした。私のように大きな声で「無神経なことを言うたらアカン」と反論できる人ならともかく、たいていは自分を責めてしまいますよ。「母乳も与えられない悪い母親だ」と。

子育ては楽じゃありません。子どもが泣く理由がわからなくて、こっちが泣きたいことだってある。そういうときに国から「母乳、母乳」と言われたら、精神的に追いつめられてしまいますよ。母親をそういうしんどい状況に追い込んでおいて、やれ少子化対策だなんて、「なにを言うてんねん！」と言いたくもなります。

まずは子どもをよく見て

逆に言うと、お母さんの側は、政府の広報も含めた〝子育て情報〟に振り回されないことが大切です。とくにマニュアル世代の若いお母さんは「本にこう書いてあったから、こうせなアカン」と縛られてしまっていますよね。

かくいう私にも、失敗はあります。

チューブで鼻から胃にミルクを送り込んでいた悠が、自力でミルクを飲み始めた一〇ヵ月のころのことです。一日の摂取量を把握しようと、授乳のたびに飲んだミルクの量をノートにつけていました。それで、「今日はまだ三〇〇ccしか飲んでへんわ」とか、「今日は四五〇ccまでいけたな」とかやっていたんです。でも、精神衛生上よくないんですよ。飲んだ量が少なくて、私が「なんとしても飲まさなアカン」という心理状況になると、悠がそれを敏感に感じていやがるのです。

何日かそういうことがあって、ハハーン、これは親の押しつけへの抵抗だな、と。たとえば、薬の分量を減らすために正確な授乳量を把握する必要があるというなら別ですが、単にミルクの量を測るだけなら、まったく意味がない。それで、記録することはやめました。

本でもインターネットでも、いまは情報があふれています。けれど同一テーマであっても、書き手によって内容は異なる。そこで取捨選択が必要になるわけですが、どれが正しいかなんてわかりませんよね。みんな正しいと思って書いているんですから。親がそういう情報に振り回されると、結局、子どもも振り回されることになってしまいます。

しかも、ほとんどの子に合うかもしれない情報でも、自分の子には合わないという可能性だって大いにあります。だから、まずは「子どもをよく見る」こと。先ほどのミルクでも、私は悠が全部飲めたときは必ず、「ああ、よく飲めたね」とオーバーなぐらい褒めていました。そうすると、ものすごくご満悦で「あたし、できたでしょ?」みたいな顔をする。ちょっとしか飲めなかったときは「ああ、はるちゃん、今日しんどいねんなあ」と話しかけます。

離乳食も同じ。悠はヨーグルト以外、市販の瓶詰めのものも、私が作ったものも二歳で保育園に通うようになるまではまったく食べませんでしたが、気にしないようにしていました。本を開くと「何ヵ月までにこれを与えなさい」とか、「離乳食の時期からいろいろな野菜の味を覚えさせないと、大人になっても食べられない」とか強迫めいたことが書かれています。でも、私自身が小さいころ、すごく偏食でニンジンやピーマンは全然だめでしたが、いまは好き。舌が受け入れる準備ができたら、食べられるようになるのだと思います。いやがるものを無理やり口に入れることのほうが弊害があるのではないでしょうか。本来、食は楽しいものであるはずですからね。

一生ミルクばっかり飲んでる子もいないし、いずれは食べるようになる——そういう気持ちでいます。

それに、当時から食べる兆しはありました。ダウン症の子どもが通う「赤ちゃん体操」の教室の先生から「離乳食を食べなくても、親が食べているものをあげると食べる子もいる」と聞き、休日に主人と三人で行った近くのレストランで、出てきたスフレを何気なしに食べさせたところ、バクバクと食べたことがありました。それからは、私たちが食べているものを少し口に入れてやっています。食べるようなら食べさせ、いやな顔をしたら無理強いはしません。

なんだ、子どもをわがままに育てているだけじゃないかと誤解されるかもしれません。でも、違います。悠のしつけについては別に書きますが、食事に関して一つだけ。日に三度の食事時間には必ず悠用の椅子に座らせるのです。主人がいるときは三人でテーブルを囲み、彼女が食べないときでも私たちは普段通りに食べ、話しかけています。家族で食卓を囲む楽しさ、雰囲気を感じてもらいたいと考えているからです。

みんなで補って育児をしよう

さて、あなたのお子さんやお孫さんは〝標準〟ですか？　身長、体重、言葉……いずれも標準より上の子もいれば下の子もいるでしょう。でも、人生は長い。いまはリードしているかもしれないけれど、いつ逆転するかもわかりません。いい学校に入ったとしても、それで人生の最期まで一〇〇パーセント優位に立てるってことはないわけですから。

そもそも、そういう優劣をつけること自体、一喜一憂すること自体がナンセンスだと思いませんか？　そんなことで精神をすり減らす代わりに、子どもに愛情をかけてほしいですね。

そんなのんびりしたことをやっていては将来、競争社会を生き抜けないとおっしゃるかもしれません。だけど、大人のミニチュア版みたいな子どもがあふれる社会が健全なのでしょうか。〝子どもの時代〟を過ごせないというのは、子ども自身にとってはもちろん、社会にとっても不幸なことです。小さい間はせめて子どもらしく過ごせるよう、その子に応じたペースで成長を見守ってあげたいなと思うんです。

同時に、子育ては母親ひとりでするものではないことをみなさんに再認識していただきたいですね。母親ができないところを、ご主人やおじいちゃん、おばあちゃん、ご近所の方々、社会のみんなで補っていく。それがともに子育てをするということであり、少子化社会を乗り越える基本だと思います。

「子どものため」の選択を

金髪の幼児に思う

おしゃれな格好をしたお父さん、お母さんが、金髪に染めたちっちゃなお子さんを連れている姿を見かけることがありますよね。「家族そろってファッショナブルでかっこいい！」と思われますか？　でも、三、四歳の子が――いや小学生だとしても――自分の意思で金髪にしているとは、ちょっと考えられないでしょう。

お母さんに聞けば「私が押しつけたわけじゃない、この子がしたがるんです」と言うのかもしれません。でも、そうではないはず。たとえ子どもがそう口にしたとしても、親の気持ちを汲み取って言っているだけのことです。子どもは「こうすればお母さんが喜ぶ」ということをよく知っていますから。

それに、子どもが望みさえすればなんでも認めていいのか、という問題もあります。大人でさえ、髪を染めることには多少のリスクを伴います。ましてや子どもですから、事前にパッチテストをして反応が出なくても、五年後、一〇年後に影響が出てくる可能性がないとはいえません。親としては、成長期の子どもに負荷をかけることは厳に慎まなくてはいけないはず。「あのとき、染めさせなきゃよかった」と後悔しても、取り返しはつかないのです。

子どもは親の所有物ではありません。ですから、こんな髪形にしたい、あんなファッションをさせたいと思っても、着せ替え人形を扱うように、親の勝手を押しつけてはいけないのです。「子どもがなにを望んでいるのか」「子どものためになにがいいのか」を中心に考えないといけないですね。そういうことはちゃんと心得ていますよ、とおっしゃる方が多いと思います。でも、頭ではわかっていても、ついつい親の気持ちを優先させてしまう場面があるものです。

失敗体験から学んだ教訓

私は、ベビー服選びで失敗しました。子どもの性別がわかったのは妊娠七ヵ月目。それまでは男の子でも女の子でもいいように、白や黄色の産着を用意していました。でも女の子とわかったら、やっぱりピンクが欲しくなってしまう。産着はもちろん、半年ぐらい先に着るサイズのベビー服まで、ピンクでそろえました。襟ぐりや胸の切り替え部分、袖口などにフリルをあしらった、かわいい女の子っぽいデザインのものですね。私自身は子どものころ、黒が好きでよく着ていました。その反動なのか、生まれてくる子にはかわいい服をいろいろ着せたいなと、夢見がちになってしまったんです。

そのときも、自分なりに気をつけて選びました。素材はすべてオーガニックのコットンで、「子どものため」という視点は外していないつもりだったんです。でも、生まれてみたら、現実は違いました。悠は二歳半を過ぎても70サイズの服を着ているほど小柄ですから、本などを参考にして準備していた洋服が、役に立たない。いっぱい買ってあったものが、タンスの肥やしになってしまいました。

重宝したのは、友人から出産祝いにいただいたガーゼの下着やロンパース、バスタオルなど、「悠」の名前入りのひとそろいでした。これを着せると気持ちよさそうにしているものですから、友人に頼んで購入先のガーゼ専門店の名前を教えてもらい、急いで一〇枚買い足したほど。入院中は着るものからなにからすべて名前を書かなくてはいけないので、その点も助かりました。

このときの経験から思うのは、頭でいくら考えてもだめだということ。目の前にいる子どもをよく見て、その子に合わせて選んでいくことが大切なのだと実感しました。

人からどう見られようとも

また、よかれと思って選び抜いたものでも、自分の子どもには合わないことがあります。そういうときは、もったいないなどと思わないことです。子どもに合っていないものを使い続けるマイナスは計り知れません。

たとえば、私の場合、バギー（ベビーカー）を買い替えた経験があります。最初、日本製のものを使っていたのですが、切り返しがしにくいし、ばねが利きすぎて段差を上がるときに力がいる。使い勝手が悪いし、悠のためにもよくないなと思っていたとき、いま使っている、ノルウェー製のバギーを知りました。悠を連れてお店に出かけて試乗させてみると、軸足がしっかりしていて小回りも利くから、段差も楽に上がれるのです。

そのうえ、このバギーは子どもが寝たり座ったりする位置が高い。何段階かに調節できるのですが、一番高いところですと、立った私の胸の位置にきます。バギーは、赤ちゃんの環境としてはよくないという調査結果があるんですね。夏はアスファルトの照り返しですごく暑いし、排ガスもちょうど赤ちゃんの高さに溜まってしまう。ところが、このバギーだとかなり負担を軽減できることがわかりました。

日本製のものも決して安くはなかったですし、このノルウェー製のバギーはそれ以上に高い。でも、迷わず買い足しました。辛抱して使い続けることが子どものためにならないのなら割り切ろう、と。たしかにもったいないとは思うのですが、選択や判断の決め手は、「子どものためにはどうするのが一番いいか」ということですから。

抱っこひもも選び抜きました。締まり具合や安定感など微妙なところが気になって、六つ目でようやく気に入ったものと出合えました。良い点は、前を向いている子どもを後ろから抱く形になること。なぜ前向きかというと、抱っこをする大人と同じ進行方向を向いて、しかも、一八〇度見渡せるから。

ダウン症の子は、他者や外界に関心を持ちにくいといわれていますので、少しでもいろいろなものに興味を持たせたいと思っていました。だから、たとえば電信柱の前へきたら、後ろから彼女の両手を持って電信柱に触らせ、「電信柱、電信柱」と教えてやりたかったのです。ものを認識させ、名前を教える。親と子が同じ方向を向いていたら、それができますよね。

首がすわるかどうかのときに初めて前向き抱っこをして表に出て以来、山間の地に引っ越すまで、ずっとそうやっていました。道を歩いていて信号待ちで止まるたびに「はるちゃんね、目の前の信号が赤でしょ。だから信号待ちしてるのよ。あれが青になったら渡るね」とか、私が一人でしゃべりかける。赤ちゃんに話しかけてもわからないと思っているから、しゃべりながら歩くお母さんはめったにいないでしょう。私はずーっと話しっぱなし。道行く人からは「この人、ちょっといっちゃってる?」というような感じで見られていました。でも、子どもに刺激を与えることが一番重要ですから、人からどう思われようが気にしていませんでした。

情報収集はインターネットで

抱っこひも一つとってもそうですが、選択するためには情報が必要です。私の情報源は、主に雑誌とインターネット。妊娠中から母親向けの雑誌はほとんど読んでいます。インターネットは、いながらにして瞬時に、しかも大量に情報を入手できる。短時間に比較もできますし、外に出る機会が制限されがちな子育て期の強い味方です。

インターネットを使って商品を購入することもあります。手間がかからないので便利ですが、難点もあります。画面で確認していても、実際に届くまでは色や材質、デザイン、機能などがよくわからないことです。私は失敗してもいいように三〇〇〇円ぐらいまでのものしか買わないと決めています。マザーズバッグはそうやって購入したのですが、ポケットの数や大きさ、バギーに引っ掛けるひもなど、細部がきちんと作られていて、とても気に入っています。ただ、色が……思っていたよりもダサかった。

ですから、インターネットは情報収集のために活用し、購入の際はお店に出かける、というのが基本です。商品名はわからないのですが、子どもの進入を止める安全柵がありますよね？ 悠が動き回るので、いまも台所の入り口などに取りつけているのですが、この柵の購入の際もそうでした。

買ったのは木製ですが、プラスチック製もありますし、厚みや形状、デザインもさまざまで、何種類もあるんですよ。その一つ一つを実際にお店で悠に握らせてみて、「ああ、これは握られへんわな」とか、「これ、はるちゃんの手にぴったりくるねえ」とか言いながら、選びました。つかまり立ちをして横に移動できるようにするには、手で握りやすくないといけません。この柵に限らず、悠の訓練や練習に役立つものを、という観点から選んでいます。

食卓用の椅子を買うときも、座らせて反応を見てから「これやったらいけるかな」と思って選びました。バギーと同じノルウェーの会社の製品で、白木でできています。身長が伸びるにつれて座面の高さを変えられるので、大人になるまで使えそうです。購入の決め手になったのは、小さな補助テーブルがついていないこと。大人と同じテーブルに食器を載せて食べさせないと、子どもは自分だけ違うと敏感に感じてしまい、一体感が持てないと思うのです。「なんで自分だけお父さん、お母さんと違うものを食べなあかんの」となってしまう。

娘が小学生になるころには、大人と子どもは違うということを教える段階がくると思います。けれども、そこに至る前に、まずは家族そろって食事をともにする雰囲気を感じさせ、食事は楽しいと知ってもらう必要があります。そのためにも、この椅子はうってつけだと考えました。

食器は、いまはガンガンぶつけたり、叩いたりして危ないのでプラスチックのものも使っているのですが、徐々に陶器に換えていくつもりです。主人ともよく話すのですが、「ものは壊れるものだよ、だから大切に使わないとアカンよ」ということを教えるためにも、また「ほんもの」を感じ取ってもらうためにも、陶器の食器や木製の塗り椀を使って育てようと決めています。

黙って見守ることが大切

それから、ある程度お手伝いができるようになったら、キッチンに立たせて料理を教え、洗いものをさせるつもりです。そうすると、食器も割ると思うんですよ。でも、割るという経験を経て、力の入れ方や扱い方がわかってくる。怪我をするかもしれませんが、見守りながらやらせたい。

親は、子どもに怪我をさせることを恐れてはいけないと思うんです。少し怪我をしてこそ痛みもわかるし、こうするとこんな怪我をするのか、と学べる。事前に止めてしまうと、危ないことは頭の中でしかわからないし、経験しないうちからあきらめる子になってしまう。

木に実がなっていても採る努力を放棄し、「なぜ採らないの？」と聞かれると、「どうせ採ってもおいしくないから」と動かないような子に……。

社会に出て営業の仕事についた人が「どうせ努力したかて契約してくれはらへんわ」と言っていたら、仕事なんか成り立ちません。それで、上司に叱られると「もう会社辞める」と言い出し、挙句のはてには「社会に出たくない」と引きこもってしまうことにもなりかねない。

そうなる理由の一つは、幼いころの経験が足りないからだと思います。ですから、子どもにはいろいろ経験させ、親は手を出さずに見守ることが大切。根気がいる作業ですし、時間もかかる。自分がやったほうが早いといらつくこともあるでしょう。でも、じっと待ってあげてほしい。

「自分のため」ではない、「子どものため」の選択を繰り返しながら、適切な時期に、親としてしなければならないことをしていきたいですね。大きくなってから、幼いころに戻って育て直しをしたいと思っても、それは絶対にできないことですから。

だれもが安心して暮らせる社会へ

駅の階段が象徴するもの

悠をダウン症の子どもたちの「赤ちゃん体操」教室に連れて行くため、月に一回、大阪・梅田から私鉄で兵庫県にある病院まで通っていたころのことです。この病院の最寄り駅がやっかいなんですよ。行きはスロープがあるのでバギーでも大丈夫なのですが、帰りに梅田行きのホームに行こうとすると、階段しかないんです。たった七段ですが、子どもを抱いて荷物とバギーを持って階段を上るのは大変。他のお母さん方も、みんなフーフー言っていました。

見ていると、車椅子の方は、駅員さんが階段に折りたたみ式の板を置いてその上を押してあげています。バギーでも頼めば同様にやってもらえるのかもしれませんが、いやな顔をされそうで頼みにくい。それで、私を含めたバギー組は我慢して、階段をヨイショ、ヨイショと上るというわけです。利用者のことを考えて、スロープぐらいはつけてほしいですね。

「少子化になると大変だ」。言葉では聞きますが、イメージが漠然としていて、具体的な未来像が思い浮かばないのが実情だと思います。少子化がどうして大変なのかということもあまり伝わってきません。未来の社会の担い手である子どもたちはまだ一票を持っていないし、お父さん、お母さんも当事者意識が薄く、政治家は「少子化問題は票にならない」と考えているようで、真剣に考えている方はごく少数です。切実感がないので、少子化社会のリスクについてあまり語られないのでしょう。

でも、子どもが少なくなるというのは大変なことですよ。社会保険庁が長年にわたっていい加減な年金管理をしてきたことが表面化し、問題になっていますが、その年金制度を支えていってくれるのも子どもたちです。自分の年金が大切なら、社会保険庁に「しっかりしてくれ」と言うだけでなく、もっと危機感を持って「子どもを大切にする社会を実現していこう」「少子化対策を充実させよう」と国会議員や関係省庁に訴えなくては。子育てが楽しくなければ、だれも子どもを産まなくなってしまいます。

けれども現実には、先述の駅の階段が象徴しているように、私たちの社会は子どもや子育て世代にやさしくないですよね。子育て中の方や子育てを経験された方なら、さまざまなシーンで、「子連れで外に出にくい」ことを実感しているはずです。

肩身の狭い母親に理解を

悠は小さいときから散歩が好きだったので、大阪に住んでいたころは、バギーに乗せて梅田まで買い物に出かけていました。梅田は地下街が発達していて利用する機会が多かったのですが、バギーで地下街に下りるのが一苦労。「ヘップ・ファイブ」という商業ビルのエレベーターで降りられることがわかったので、以来、そこを利用していますが、それまではエレベーターを探してうろうろしていました。歩き回っても見つからず、百貨店まで行って、ようやく地下へ下りられたことも。

えっ？　梅田って大阪の中心地でしょ？　エスカレーターぐらい、いまどき、どこのビルにだって設置されているのでは？　と驚かれるかもしれません。たしかに、エスカレーターは設置されています。でも、バギーでエスカレーターに乗るのは危険ですから、私は利用しませんでした。「ベビーカーでのご利用は危険ですからおやめください」などとアナウンスされていますし、実際に事故も少なくないようです。事が起きれば自分だけでなく、子どもや周囲の人を巻き込むことにもなりかねません。

そんなわけで、初めての場所にはバギーで出かけないようにしていました。〝抱っこひも〟で抱っこしてエレベーターを探し、それがなければエスカレーターを利用する。バギーを使わないなら、最初からエスカレーターを利用すればいいんじゃないの？　と不思議に思われるかもしれません。でも、エレベーターの有無や設置場所が確認できれば、次から便利ですからね。

外出先で子どもが泣き出すこともあります。買い物などの場合は、外に出て新鮮な空気を吸わせて気分転換を図ることもできるのですが、困るのは電車の中。混まない時間帯を選んで乗っていても、人いきれや暖房で気持ちが悪くなってぐずり始めたり、眠くなって泣いたりすることもあります。たいていの母親はさまざまなことを想定して、人に迷惑をかけないようにと心がけています。でも、子どもは生身の人間ですから、体調や周囲の状況によって、ときに機嫌が悪くなってしまうこともあるんです。

そんなとき、聞こえよがしの舌打ちや「うるさいなあ」などという言葉が聞こえてくることも。地下鉄や各駅停車の電車なら次の駅で降りられるけれど、快速や特急、ましてや新幹線、飛行機は、すぐに降りることができません。「ご迷惑をかけて申し訳ないです」と思いながら、小さくなっているお母さんも少なくないでしょう。

独身時代、電車の中で泣き叫ぶ子どもを必死にあやすお母さんを見かけたことがあります。すぐに年配の女性が駆け寄って、その子をあやしながら「泣きたいのはお母さんのほうよねえ」と笑顔で話しかけていました。そのときは実感がなかったのですが、いまなら、あのお母さんがどれだけうれしかったか、想像できます。あの年配女性のやさしさも、よくわかります。

車の運転に再挑戦

ブーイングを並べましたが、もちろんそんなことばかりではありません。出産後に私はうれしいサービスを体験しました。ペーパー・ドライバーのための教室です。なんだ、ペーパー・ドライバーだったんだ、ですって？　いえいえ、カミングアウトすると、一〇代のころは暴走族に入っていましたし、一八歳で免許を取り、二二歳まではしっかり乗っていました。

車に乗らなくなったのは勉強に忙しくなったからで、司法試験に受かったら、また乗るつもりだったのです。ところが、もともと、私は人間ができていないというか、ハンドルを持つと人格が変わるタイプ。前を行く車が信号を黄色で止まったりすると「なんで止まるねん」と毒づく人がいますね。あれです。それで、これはアカンと自覚して、「弁護士をしている間は車に乗らない」と決めました。

弁護士の仕事は神経を使うので、イライラすることもあります。そういうときに車に乗って万一、事故でも起こしては大変。相手の方にご迷惑をおかけするのはもちろん、弁護士資格が剝奪される可能性もあります。そうなると、私を応援してくださった方々や、私に依頼してくださる方に申し訳ない。自分ひとりの問題ではないと考えました。

とはいえ、子どもがいると車はとても便利です。たとえば悠を病院に連れて行くとき、ミルクや着替え、タオル、おもちゃなど荷物がいっぱいありますから、それらを積み込んで自宅から目的地までサッと行けるのはありがたい。インフルエンザなどが流行っているときも、電車だと感染が気になりますが、車なら安心です。遠出をするときも、私が運転すれば主人と交代できるので、負担が軽くなる。そんなことをいろいろ考えて、もう一度、車に乗ろうと決めました。

そうは言っても、一九年間、一度もハンドルをにぎっていませんでしたから、カンを取り戻せるかどうかが不安でした。さて、どうしよう？　インターネットで調べたところ、ワンサカ出てきたのが、「ペーパー・ドライバー講習会」。家まで出張して路上練習をしてくれるという、願ってもない内容です。「いますぐ申し込めるところはありますか？」と電話しました。元来、せっかちなんです。お願いしたのは、一日二時間×二回、一万九〇〇〇円のコース。

当日は、助手席にもブレーキのついた教習所仕様の車に乗って、講師が約束の時間に自宅近くまで来てくれました。お盆休みで家にいた主人に悠を任せて、講習を開始。一〇分ほどその車に乗ったところで「もう結構です。今度はご自分の車で」と。そこで、うちのワゴン車に乗り換えました。この車のブレーキに先生が持参したゴルフのパターのような形のものを引っ掛けるだけで、助手席側からもブレーキを操作できるようになりました。それで一時間も走ると、「もうなんの問題もないですよ」と。あとは縦列駐車や車庫入れを練習しました。

それ以上講習の必要はないと思ったらしくて、先生が「二日目はどうしますか?」と尋ねてくださいました。けれど、すでにお金は支払っていますし、「もういいです」とお断りするのも失礼です。そこで高速道路教習をお願いし、翌日は環状線と阪神高速を一時間ほど走りました。昔とった杵柄ですぐにカンを取り戻し、先生もほめてくれたのですが、一点だけ注意されました。

「車線変更がガクッ、ガクッと直角になっていますので、注意してください。お子さんも一緒に乗られるのでしょう? 滑らか～に車線変更してくださいね」

先生のこの言葉で、私の前歴はバレているなと思いましたね。

妊婦健診の無料化を!

このペーパー・ドライバー講習会のことを紹介したのは、私の運転技術を自慢したかったからではありません。家の近くまで出張してきて丁寧に教えてくれるうえ、子どもをみてくれる人の都合がつく時間帯を選ぶこともできる点が、子育て中のお母さんにはとても便利だと思いました。こういう「かゆいところに手が届く」サービスが、もっともっと増えてほしいですね。

とはいえ、少子化対策のグランドデザインを描き、お金を出し、号令をかけるのは、政府や自治体の仕事です。それがあってこそ、民間も知恵を絞ってくれますし、人もお金も動きます。

たとえば、妊婦健診の公費負担制度の拡充による無料化です。

このところ、救急搬送された妊婦を受け入れる産婦人科病院がなくて、たらい回しにされたというニュースが報じられることが多くなっています。少子化対策は安心して子どもを産めるようにするところから始まると思うのですが、その入り口が揺らいでいるのです。背景には産婦人科の医師不足があるわけですが、たらい回しされたなかには、妊婦が一度も医師の診察を受けていないケースもあったようです。

妊娠がわかって母子手帳を取得したら、定期的に健診を受け、経過観察をしてもらうのは常識であり、親としての責任です。けれども、なかには病院に行きたくてもお金がないという人もいるでしょう。とくにお産は健康保険がきかず全額自己負担ですから、そういう妊婦さんがいることを念頭に置いて施策を考える必要があります。

私は、少子化対策を言うのなら、まずはこの妊婦健診の公費負担を全国的に進めるべきだと言い続けてきました。これまで、国は五回分を地方交付税として各自治体に補助してきましたが、二〇〇九年四月からは一四回分までを国庫補助金と地方交付税で手当することが決まり、一歩前進だと受け止めています。ただ、これは一〇年度までの時限措置であり、しかも地方交付税は使い道を限定しませんから、すべての自治体が一四回分を無料にするとは限りません。また、制度が整ったとしても、妊婦自身がこれを知らなければ、今までと変わらず、陣痛が起きてから救急車を呼び、そこで初めて受け入れてくれる病院を探すなどという危険なケースが続く可能性はあります。

国には、時限措置などといわず、妊婦健診に対する補助金を一〇年度以降も継続するとともに、各自治体への無料化の働きかけを強めてほしい。同時に、厚生労働省や各自治体は「妊婦健診は無料」だということを周知徹底して、一〇〇％の健診を実現させてほしいと思います。なお、誤解のないように書き添えますが、産婦人科病院に救急搬送された人たちがみな健診を受けていなかったと言っているわけではありません。

「バギーでどこへでも行ける街」へ

それから、妊婦に限りませんが、救急搬送時のたらい回しをなくすためには、行政が責任を持つ以外にないとも考えています。病院が受け入れを断る理由は「満室だ」「手術中で手が足りない」などが多いようです。救急隊員は妊婦や病人の様子から、なんとしても受け入れてもらいたいと頑張るわけですが、断られると次に行かざるをえない。民間の病院に対して「入院させなさい」と強制することは、だれにもできないのです。

解決するには、地方自治体などが経営する病院で受け入れることにするしかない。救急隊員から見て一刻を争うと判断されるようなケースでは、こうした病院が最終的に受け入れるべきです。そして、予算と人員を確保し、病院が受け入れられる環境を整えるのが行政の責務だと思います。そうでもしなければ、たらい回しはなくなりません。

受け入れの線引きは難しいでしょうが、行政が「最終的には受け入れる」と決断し、ルールを定めてシステムをつくれば、実現は可能なはず。要は、行政にやる気があるかどうかです。

自分には子や孫がいないから無関係な話だ、と思われるかもしれません。でも、子どもにやさしい社会を実現させるということは、お年寄りや障害者など、だれにでもやさしい社会をつくるということなのです。

いまは健康で元気に過ごしていても、ある日突然、病気になったり、障害を負ったりする可能性がないとは言えません。年齢を重ねるにつれてリスクは大きくなるでしょう。

〝その日〟を恐れないためには、だれもが安心して暮らせる社会を目指す必要があります。バギーでどこにでも行ける街は、その象徴なのです。

我慢する脳を育てる

たくさんの刺激を与える

悠は、最初のうちはまったく動かないし、泣かない子でした。鼻から胃に通したチューブで送り込んでいたミルクを哺乳瓶に切り替えたとき、お腹がすいても泣かないので、どうしようかと悩んだこともありました。

できるだけたくさんの刺激を与える子育てをしようと考えるようになったのは、出産から間もないころ。ダウン症だとわかり、専門書から一般書までたくさんの本を読みましたが、そのなかに「ダウン症の子は脳のシナプス（神経細胞間の情報伝達をつかさどる部位）の形成が悪い」という研究結果が出ていました。そこで、刺激を与えることでシナプスを増やそう、と考えたのです。

最初は、頬や手足をそっと触ったり、包み込んだり。保育器のなかにいるときから、私の手のぬくもりを伝えるとともに、

「はるちゃん、お母さんですよ」

などと言葉もかけていました。

白血病の抗がん剤治療を終えた生後二ヵ月のころからは、膝関節の曲げ伸ばしも加えました。ダウン症の子は四肢を突っ張るくせがあり、硬直したような状態で曲がらない。悠もそうでしたので、脚の関節を曲げることを繰り返しました。抱っこひもでお散歩に出かけられるようになってからは、前向き抱っこの状態で「お膝を曲げて」と話しかけながら、関節を曲げる練習をしました。もちろん、歩きながらです。

また、「ダウン症の子は言葉の習得が苦手なことに加え、小学校に上がったとしても算数でつまずく」と本にあったので、体だけでなく、聴覚や視覚に働きかけるよう、早くから心がけました。最初に取り組んだのはドッツカード（ドーマン式）と掛け算の九九カード。家のなかの子どもの目に触れやすい位置にカードを掲げ、声に出して読んで聞かせることを繰り返しました。

『徹子の部屋』に映ったいたずら

九九と言葉の習得はこの方法で可能だとして、ほかの科目はどうだろう？　と気になってインターネットで検索。見つけたのが、小学一年生から六年生の間に学習する社会科と理科の内容を歌にしたCD。ダウン症の子はどの子も音楽が好きで、悠もそうなんですね。普通に学習内容を覚えるのは無理かもしれないけれど、歌になっていれば興味を持って聴いてくれるかもしれない。そう考えて、ダメもとで購入しました。

悠は最初からじーっと聴いていましたね。私も一緒に声を出して歌うのですが、その口元をじっと見ている。「ああ、この子、これ好きなんやわ。覚えようとしているんやなあ」と思いました。終わると、もっと聴きたいと言いたげにワーワーと声を出すので、またかける。すると、ニコニコするんです。生後七ヵ月くらいから毎日かけていますが、まったく飽きないようで、いまもこれがなかったらダメ。旅先へも持参します。

悠の朝は、このCDを聴きながら始まります。彼女は「わが家のニワトリさん」で私よりも早起き。早ければ五時ごろには起きていますね。最初は一人で「ワワワワ……」となにやらおしゃべりしているんですが、そのうち「お母さん、起きなさいよ」と言わんばかりに傍へきてタッチしてくる。仕方なく私も起きて、「はるちゃん、おはよう。早いね。よく眠れた？」などと話しかけながら、着替えをさせます。

その後、居間に移って、いよいよこのCDの登場です。かけると、「待ってました！」とばかりに、ご機嫌さんで音楽に合わせて体を揺すったり、お話ししたり。その間、私は自分の身支度をして、朝食の用意を済ませます。

つかまり立ちができるようになった一歳過ぎぐらいからは、CDデッキに手が届くようになり、ボタンをいじり回し始めました。最初はむやみに触っているだけだったのですが、私が操作するのを見ていて、再生が終了したCDをもう一度かけることができるようにまでなりました。「好きこそ物の上手なれ」ですね。

二〇〇八年の四月、『徹子の部屋』に招かれた際、最後に悠も顔を出しました。見てくださった方もいらっしゃると思いますが、悠は、せっかく徹子さんが手渡してくださったお花を何度も「ポイ！」と放り投げてしまって。あの部分が大うけだったようで、友人たちからも「いたずらはるちゃん、バンザイ！」などとメールや電話をいただきました。

同じころ、週二回、療育園に通っていましたが、そこでもいたずらぶりを存分に発揮していました。みんなでお遊戯している最中でも、飽きてくると、周囲をキョロキョロ。お母さんたちが床に置いているバッグを見つけると一目散にハイハイしていき、そのなかに手を突っ込むのです。先生が紙芝居をしてくれても、終わると一人でサーッと後ろに回って、「なにを隠しているの?」というようにジロジロ見ています。

公園でブランコに乗せていたら、アッという間に一人で立ち上がってしまったこともありました。慣れている私はともかく、同行していた人たちは「けがをしないかと冷や汗をかきました」と。とにかく好奇心がすごく強くて、怖いもの知らずですね。

こんな具合に、年齢とともに悠はどんどん活発な動きを見せてくれるようになりました。もちろん、もともとの症状が軽かったのかもしれません。でも、私たち親にとってはどっちでもいいことなんです。ただ後悔したくないという気持ちを強く持っていただけ。ある時点で悠の症状が重いと判明したとして、そこから刺激を与え始めても、間に合わないかもしれない。脳のシナプス形成に必要な刺激を、必要な時期に与えておきたいという一心でした。

生まれてすぐ、ダウン症の主な障害である知的障害の程度がまだわからないとき、私たち夫婦は「ありのままを受け入れる」と決めました。でも、それは「なにもしない」ということではないんです。親としてできることはしっかりやる。そのうえで、悠ができないことは「個性」として受け入れよう――そういう心積もりでいます。

誤解していただきたくないのは、結果を焦っているわけではないということ。「立てば歩めの親心」という言葉があるように、子育てをしていると「早く先へ」という気持ちになりがち。でも、悠はゆっくり育つ子ですから、「できない」ことに不安を持ったり、結果を求めたりしているわけではないのです。

「待つこと」を覚えさせる訓練

特に力をいれたのは、「我慢する脳を育てる」ことです。もともと、一歳になる前から「小さな我慢」を何回も経験させることによって、三歳までには「自分の欲求を我慢する」ことを身につけさせようと考えていました。

ところが、悠は最初、要求することのない子でした。ですから、まずは「抱っこしてもらうと気持ちいい」ことから覚えさせる必要がありました。自分から「抱っこ」を要求するように仕向けるため、泣けばすぐ抱いてもらえることを学習させ、抱き癖をつけたのです。ミルクも同じ。お腹がすいて泣いたら、「よく要求してくれた」とほめて、すぐミルクを与えました。

そうやって自分から要求するようになった段階で、我慢を教え始めることにしました。実年齢は一歳四ヵ月になっていましたが、「発達年齢一〇ヵ月」の診断を受けたばかりでしたので、我慢を教えるのにはちょうどいい時期でした。

たとえば、お腹がすいて泣いたとき、それまでのようにあわててミルクは作りません。「ミルクを作ってくるから、ちょっと待っていてね」といつものように声をかけて、台所に引っ込みます。激しく泣き続けてもしばらくそのままにしておき、ころあいを見はからって「お待たせ」とミルクを持っていくのです。この待たせる時間を少しずつ長くしていきました。

抱っこをせがまれたときも同じ。

「お母さんは今、お片づけをしているからちょっと待ってね」と声をかけて、台所に入ってしまいます。泣けど喚けどそのままにして、一〇分ほどたってから出て行って、

「はるちゃん、お待たせ」

と両手を差し出します。でも敵もさるもの、すねて寄ってこない。

「じゃあ、いいのね」

私が台所に戻りかけると、ギャーギャー大泣き。そこで再び手を差し伸べると、飛びついてきました。

こうしたことを繰り返すうちに「待ってね」と声をかけると、ちゃんと待っていられるようになりました。つらかったのは、初めの二ヵ月ほど。長時間ワーワーギャーギャー泣き叫ぶのを聞いていると、さすがの私もつらくて、抱いてやるほうがどれだけ楽かと、何度思ったかしれません。でも、負けてしまうと、「泣いたり、ごねたりしたら、なんでも言うことを聞いてもらえる」と親をなめるようになってしまいます。この子のためだと自分に言い聞かせて、私も我慢したのです。

外でも同じ態度を貫きました。子どもは大人の都合などお構いなしですから、スーパーで買い物中に「ジュースがほしい」と泣き叫ぶこともあります。その場で与えれば泣き止むわけですが、私は「お買い物がすんでからね」と言い聞かせるだけで、泣かせっぱなしにしていました。とにかく、「あなたの言いなりにはなりません」ということを教えないといけないわけですから。

もしも、だれかに「うるさい」と苦情を言われたら、「子育てはそんなものよ」と話して理解を求めるつもりでしたが、そういう場面には一度も遭遇しませんでした。私の全身から「子どもが泣くのは当たり前」というオーラが出ていたのかもしれませんね。

どんなときも言葉で説明を

こうして「我慢させる」訓練を始めて二ヵ月を過ぎたころから、悠は「泣いても言うことを聞いてもらえない」と自覚するようになりました。まだ完全な離乳食には移れていませんので、二歳一一ヵ月のいまもミルクを朝、昼、夕、夜、真夜中に飲ませるのですが、このとき残すと、

「次はお昼まで飲めないよ。それでもいいの」

と言い聞かせ、間で「お腹がすいた」と泣いても飲ませません。はじめは目に涙を一杯ためて抗議していましたが、泣いても無駄だとわかってからは口元に少し力を入れてモグモグ。ミルクを吸うまねなんです。そうやって、健気に耐えている様子にグッとくるのですが、子

ども心にも我慢することを理解してくれたようで、うれしく思っています。このモグモグは『徹子の部屋』の収録中にもしていましたから、気づかれた方がいらっしゃるかもしれません。

我慢させたくても、うちの子はやんちゃで親の言うことはなかなか聞いてくれないとおっしゃる方もいるでしょう。そういう方は「ダメ」とだけ伝えて、その理由を説明していないのではないでしょうか。私はどんな場合も、言葉で説明をしています。赤ちゃんだから、子どもだから「わからないだろう」などと説明を省くようなことは一切しません。そうして、約束したことはどんな小さなことでも守ります。

「ミルクを作ってくるから少し待っていてね」と事前に説明し、その通りにすることで、最初のうち泣き叫んでいた子どもも、「お母さんはミルクを持って必ず私のところに来てくれる」ことを学習します。我慢することと同時に、人を信頼する基礎が培われるわけです。もちろん、我慢させることが、ネグレクト（育児放棄）につながってはいけないことは言うまでもありません。

我慢はさせるけれど、そればかりでなく、甘えさせることも大事です。悠は甘えたいとき、私の足元に寄ってきて「抱っこ、抱っこ」とせがむ様子を見せます。顔を見ると、エヘヘヘ……とちょっと照れたように笑っている。

「はるかさーん、抱っこ?」

と聞くと、うれしそうな笑顔を見せます。抱き上げてハグしたり、「高い高い」をしたり、ひとしきり遊んで次の行動へと誘うようにしていきます。

赤ちゃんから子どもへ——なじんでいたものと少しずつ別れて、悠は新しい世界に歩みを進めていきます。

子どもの「自立」とは

親への甘えから解放されたとき

親元を離れることがイコール自立であるかのように語られますが、これらは別問題です。親と同居していても精神的に自立している方は少なくありませんし、その逆もあります。現に私は物理的には一六歳のときから親と離れて暮らしていましたが、本当の意味で自立できたと自覚できたのは、弁護士登録した翌年でした。

死の床にあった父親が「いい娘を持って幸せだった」と言ってくれたとき、それまでのわだかまりが一気に解けた。それと同時に、猛烈な後悔が襲ってきました。だれも自分の苦しさをわかってくれないと荒れ狂っていた一〇代のころ、父も母も苦しかったに違いない。死んでしまいたかったのは私ではなく、両親のほうだったことに気づいたのです。

私は、弁護士になってからでさえ、心のどこかで「両親は私を助けてくれなかった」と思っていました。悪いのは自分なのに、人のせいにしていた。親に反発しているつもりだったけれど、精神的には依存し続けていたわけです。結局、甘えていたんですね。そのことに気づき、甘えから解放された時点で、ようやく自立を果たせたのです。

いまは、自分の意思と力で生きていくことが〝自立〟だと考えています。だれにも頼らないというのとは違います。だれかの手を借りるとしても、いつ、どんなときに、どうやって、どういう人の手を借りるか、を自分で考え、判断できる。そのことが大事だと考えています。

言い換えると、自分以外の人と協調して生きていけるということです。「私は一人で大丈夫ですから、だれの助けも借りません」とおっしゃる方がいますが、ほんとうにそうでしょうか。食料や衣服にしても、さまざまな人の手を通って最終的に私たちのところに届きます。病気になれば医師や看護師、理学療法士、薬剤師などのお世話になる。自宅で介護サービスを受けようと思えば、行政を含めさまざまな人々とコンタクトを取る必要も出てきます。

私たちの生活は、どこかでだれかの力を借りて成り立っている。私自身、そのことを自覚して、最期の瞬間まで社会から孤立することなく、さまざまな人たちと協調して生きていきたいと思っています。

「いい子」の強要が成長を阻害する

悠にも、社会のなかで協調しながら、自分の意思と力で生き抜いていってほしい。そうできる力、スキルを身につけるための〝教育〟をすることが、親としての務めだと思っています。

学力を高める早期教育をほどこすという意味ではありません。お友達と泥んこになって遊ぶといった、子ども本来のいろいろな遊びを経験させることによって、その力は培われます。成長過程にふさわしい遊びを子どもから取り上げてしまうことの弊害は、大きいのではないでしょうか。

大人たちが子どもに、手のかからない〝いい子〟でいることを押し付けることからも、のちのち問題が生じがちです。意外に思われるかもしれませんが、少年事件を起こした子どもたちは、幼いころから親の言うことを素直に聞いてきたような、いい子が少なくないんですよ。

いい子たちは、親の言うとおりに、あるいは望むとおりにしていると、親が自分を認めてほめてくれるので、演じ続けているだけ。先生の前でも同じことです。

こういう子は親や先生にとって手がかからないので、逆に放置されることもあります。すると寂しいものだから、認められたくて、ますますいい子を演じてしまいがちなんです。本当の自分は別にいるけれど、自分を出す場がない。

演じることに疲れてリストカットしたり、家出をしたり、挙句のはてには万引きや窃盗などの非行に走ったりしてしまう。それらは自己否定であると同時に、親たちに振り向いてほしいという切実な欲求から来る行為でもあるわけです。

大人の前でいい子を演じ続けている子でも、友達の前で自分を出せるなら、そこまで傷は大きくなりません。けれども、たいていは友達に嫌われたくないから、けんかもできない。本来は友達との間でけんかと仲直りを繰り返しながら、人づきあいや協調の仕方を学んでいくものなのに、いつでもどこでもよそ行きの顔をし続けている。その結果、追いつめられて爆発することになってしまう。

子どもは本来、いたずらをするもので、親にとってのいい子であり続けてはくれません。

悠もしょっちゅういたずらをしてくれます。低い家具の上に並べてあるものを壁側に落とし込んだり、洗面台や本箱など、家中の戸棚の扉という扉を開けて中のものを引きずり出したりすることも。洗剤など危険なものが入っているところはロックするかわりに、開けてもいい戸棚を決めて自由にさせています。規制しすぎても彼女の冒険心は満足しないでしょうし、ストレスも溜まるでしょうから。

しばらく好きにさせてから、部屋の隅のほうに〝島流し〟して、その間にササッと片づけるのですが、これを一日に何度繰り返すかわかりません。時々ものを投げつけたりもしますので、そのときは、「はるちゃん、メンメ！」と厳しく叱りますよ。

いつもニコニコ顔で、それこそ〝いい親〟を演じ続ける必要はないですよ。ムカッときたら「お母さんは怒っているぞ」オーラを小出しにしておくほうが、親の側もストレスが溜まりません。だけど、親が大変だからといって手がかからないように、いたずらもさせず、いい子でいることを強要するというのでは、子どもの成長を阻害すると思います。

肝心なのは、待つ姿勢

いい子たちのもう一つの特徴は、自分で考えたり、判断したりすることができない、ということ。知識はあっても、幼いときから親が敷いたレールの上をずっと走ってきたから、自分の意思でなにかを選び取る訓練ができていない。

私は、悠に絵本を見せて読み聞かせをするとき、二冊並べて「どっちにする?」と選ばせることから始めました。いまでは二〇冊くらい並べたなかから、読んでほしい本を見つけて、人差し指で示します。ブルーナの一連の絵本のように、もう何百回と読んできたものは、目や耳に焼きついているらしく、サッと自分で選んでいますよ。

ただ、子どもに自分で選択させようと思えば、基本的には待つことが肝要です。親がサッサと決めて子どもに押し付けるほうが、どんなに楽かしれません。でも、それでは子どもの思考力や判断力は、いつまでたっても育ちませんよね。自分で考え、自分の意思で決められる子どもを育てるためには、答えをせかさないことです。これには親の側にかなりの忍耐力がいります。

うちではこんなふうにしています。夕方、お風呂に入れるときは「はるちゃん、いまからお風呂のスイッチ入れますよ。お湯がいっぱいになってピピピピと鳴ったら、入りますよ」

と声をかけておきます。そうしてお湯が沸いたら、「はるちゃん、ピピピピと鳴ってお湯が入ったけど、どうする？」と聞くんですね。

そうすると、入りたいときはすぐ、「はーい」というように手を挙げますが、まだ遊んでいたいというときは、ダーッと向こうへ行ってしまう。お湯がぬるくなってしまうこともあるのですが、問答無用でお風呂場へ連れていくことはしません。しばらく待つことで、彼女も満足して「さあ、お風呂に入ろう」という気持ちになるようですから。

とはいえ、親にも都合がありますから、待ってばかりもいられません。夕食どきに来客予定があるときなどは強硬手段に出ることも。ただし、その場合も、「ごめんね。今日はお客様がいらっしゃるから、早くお風呂に入っておかないといけないの」と、きちんと説明します。子どもといえども、意思はちゃんと持っていますし、そこからまた「考える」ことができるようになっていくわけです。

もちろん、すべてを子どもに決めさせるのがいいと言っているわけではありません。その子の性格や年齢、家庭環境などにもよるでしょうから、親が子どもをしっかり見て決めていけばいいのではないでしょうか。

非行に走る子どもの共通点

少年事件を起こした子は「親の言うことを聞いていた、いい子」が少なくないと書きましたが、その一方で「我慢できない子」も目立ちます。アクセサリーでもマンガ本でも、ほしいと思ったらなにがなんでも手に入れなければ気がすまない。持ち合わせのお金がないときは、万引きや窃盗をしてでも手に入れようとします。

万引きや窃盗は〝いい子〟もやります。彼らは寂しくて悪さをするわけですから、彼女や彼氏ができるなどして心の隙間が埋まればピタリと止まる子が多い。ところが、我慢できない子どもたちの場合は、「もうしません」と誓っても、何度も繰り返します。同じように非行に走っていると見えても、まったく違います。

後者は、幼いころに「我慢すること」を学べなかった子どもたちです。ネグレクトや放任に近い状態に置かれていたのかと思われるかもしれませんが、裕福な家庭に育ち、親は教育熱心というケースが多かったのです。

「ほかのきょうだいはほったらかしで、この子にばかり手をかけてきたんですよ」「仕事を辞めて、愛情をたっぷりかけて育ててきたんですよ」

たいていのお母さんが、そんなふうに子育てを振り返り、「どうしてこんな子どもに育ったのか、理由がわからない」とおっしゃいます。

でも、よくよく話をうかがうと、幼いころから泣けばすぐミルクを与え、抱っこし、呼ばれれば飛んでいって、なんでも言うとおりにしてきている。我慢ということを、まったくと言っていいくらいさせていないんですね。

「アレを買って」とねだられると、ほしい理由を聞くことや、ほんとうに必要なものなのかどうかを検討することもなく、買い与える。かわいい子だから、我慢させるのはかわいそうだという思いなのでしょうが、こういう甘やかしが子どもをダメにするんですね。

なかには、子どもが逮捕された後、大変な額の費用弁済を迫られることもあります。親御さんは立ち直りを期待して支払うわけですが、社会に戻るとまた罪を犯してしまう。そういうことを繰り返して、親は財産を使い果たし、子どもは我慢できないまま歳だけを重ねていく――というケースも現実に見てきました。

前節で「我慢する脳を育てる」ことに努力していると書きましたが、こういう理由からなのです。我慢を教えないと大変なことになると実感していますから。

携帯電話問題にどう向き合う

我慢を教える機会はいくらでもあります。

最近は小学生のうちから携帯電話を持たせる家庭も少なくないようです。塾や習いごとで遅くなるときに使わせるなど、持たせる理由はさまざまでしょう。でも、学校裏サイトのようなインターネット上の有害サイトに子どもがアクセスするのではと心配ですし、いじめや事件に巻き込まれる懸念もあります。

もしも子どもが「携帯電話を持ちたい」と言ってきたら、親としてはどう答えるべきでしょうか。子どもの年齢にもよりますが、なぜ持ちたいのか理由をしっかり聞いたうえで、まだ早いと考えるなら、はっきりそう言えばいいと思います。もちろん、持たせたくない理由をきちんと伝えたうえで。

持たせる場合も、フィルタリング（閲覧制限）をかけるのは親の務めです。子どもに嫌われたくない、あれこれ言うのは面倒だなどと考えず、必要な制限は加えてください。「まあ、いいか」とか「面倒だから」という理由で小さなほころびを放置すると、ずるずると問題が大きくなっていって、気がついたときには取り返しがつかない、ということにもなりかねません。

残念なことに、親はいつまでも子どもの伴走をしてやれるわけではないのです。いずれは子どもを置いて先立つことになるのですから、残された子どもが自分の力で歩いていけるように教育しておく。それが親の役目です。途中で、厳しすぎるのではないかと悩むかもしれないけれど、一時の感情で子どもを甘やかしても、よい結果を生みません。なにが子どもの幸せにつながるのかを見失わないように、子育てをしていきましょう。

感情を解放する

泣くだけ泣いた助役時代

二〇〇八年六月に山間の地に移り住んでからは、自然のなかで娘の悠の子育てをし、ハーブを中心としたガーデニングや手芸など、自分が好きなことばかりしていますので、ストレスはあまり感じません。でも、大阪市の助役をしていたころはいろいろ悔しい思いもしましたし、ストレスは溜まる一方でした。

私の場合は、誰に対しても言うべきことはきちんと口に出してきましたので、自分を抑制して〝いい子〟を演じていたわけではありません。ただ、事実でないことを言われたり、曲げて受け止められたりということがあった。それで「悔しい」と思うことも多かったわけです。

溜め込んだストレスは、どこかで小出しに発散しないと、自分では気づかないまま、精神や体の不調としてあらわれるようになります。人によっては〝爆発〟することもあるでしょう。そうなることを避けるために、私は〝泣く〟ことで自分の感情を解放するようにしていました。悲しいからではなく、悔し泣きです。もちろん、人前で涙を見せるようなことはしませんよ。自宅に帰ってから一人で……。

家に帰って玄関のドアを閉めたとたんに、フツフツと悔しさが湧き上がってきて、涙がグーッとこみ上げてくるんですよ。それをがまんするようなことはしないで、ティッシュの箱を前に置いて、ベッドの上で泣きたいだけ泣きました。涙には浄化作用がありますから、そうやって思い切り泣くと気持ちがすっきりするんです。

でもまあ、昼間、原因になるようなことがあったからといって、家に帰ったとたんに泣けるなどということはめったにありません。しかも多忙なスケジュールで動いていましたので、悔しいことがあった日の夜、都合よく一人で泣くことが可能だとも限りません。週末まで溜めておいて、一気に解消ということもありました。

いくら悔しい思いをしたとはいえ、数日たつと、もう涙がこみ上げてくるという状態ではなくなっている。じゃあ、泣かなくてもいいんじゃない？　と思われるかもしれませんが、精神衛生上はやはり泣いておくほうがいいんですね。

涙のツボは『ラスト サムライ』

そういうときは映画を見ることにしていました。私の涙のツボに一番はまるのは『ラストサムライ』でした。武士としての名誉と誇りを持ち続け、信ずるもののためには死をも恐れないサムライ魂。サムライであり続けようとした男たちが、最後にあんな目に遭うんやと思ったら、滂沱《ぼうだ》の涙です。子どものころから『ゴルゴ13』が好きで、こういう系統にはまりやすいんです。

映画はただ泣くためのツールで、悔しさの原因と『ラスト サムライ』にはなんの関係もないんですよ。これを見て思い切り泣くと、ほんとうにスカッとする。要は涙を流せばいいんです。泣こうと思ったときにタイミングよく涙を流すという芸当ができるのは、女優さんだけです。普通の人間にはそんなことはできませんから、映画の力を借りて泣くわけです。

涙のツボはそれぞれ違っていると思いますので、自分に合った〝泣ける〟映画を見つけてみてください。あるいは、小説などでイメージするほうが泣きやすいという方もいらっしゃるかもしれません。いろいろ試してみてください。

助役在任中に『ラスト　サムライ』を見た回数は、数え切れません。とくに〝厚遇問題〟発覚後は、マスコミにあることないこと書き立てられて、それを信じた市民からひどい手紙がきましたから。

昔の私なら、いやなことがあったときはお酒を飲んで発散したでしょうが、飲みたいとは思いませんでした。当時はもう、自分の心の問題は自分で解決するしかない、お酒を飲んでも根本的な解決にはならないということがわかっていましたからね。飲むとしても、秘書の慰労のためなどでした。

助役という立場上、周囲に愚痴をこぼすこともできません。私が弱気になると、周りもひきずられますから、目いっぱい強気でいて、なにを言われても「私は平気、冷静よ」という顔をしていないとだめなんです。

友人同士の〝愚痴道〟をきわめる

愚痴ることでストレスを解消していたのは、弁護士時代です。私には十年来の飲み友達が二人います。彼女たちも仕事を持っているので、お互いストレスが溜まると「ちょっと一杯どう？」と誘い合って、それぞれに会ったり、三人で集まったりしておしゃべりをしていました。職場も職種も違うので、仕事内容を詳しく把握しているわけではないけれど、年頃が近いので、職場で置かれている状況がよくわかる。それで、「そりゃあ、わかるわ」「むかつくわ」などと、共感し合う。それがいいんです。

そういう席でやってはいけないのは、愚痴っている人の言い分を否定すること。常識はずれの意見であったとしても否定はせず、「そうやろうなあ、わかるわ」といったん肯定。そのうえで「でも、会社としてはどうなんやろうなあ」とやんわり別の角度からの言葉をはさむ。私たちは三人とも、この〝愚痴道〟と言ってもいいような作法を心得ていたので、おしゃべりした後は、みんなすっきりしていました。

働いていると、同年代の働く女性の友達というのは、その存在自体が励みになります。女性が活躍することに対して、社会は必ずしも温かいわけではありません。自分よりも年上の部下がいて扱いに苦慮しているとか、出世したら上司と関係があるかのようなデマを飛ばされたとか、いろいろ愚痴りたくなる材料が出てきます。

特に女性が出世すると、陰に男性の存在があるかのように言われることはいまだに多いようです。友人は「デマを飛ばした人を訴えてやる」と意気盛んだったのですが、「気持ちはわかるけど、やめときな」と言いました。「デマだとわかってくれている人は多いだろうから、開き直れ。デマを飛ばした人は仕事でこき使ってやれ」と。電話で愚痴を聞くこともありましたね。気がついたら午前三時なんてこともありました。

先日、その友人二人が相次いでわが家に来てくれました。電話では「元気だよ」と口にするけれど、本当は違うのではないか。仕事人間だった大平が、田舎に引っ込んで家事と育児中心の生活なんてできないだろう。そんな心配をしてくれたようなのです。

やってきた二人は開口一番、「ほんまに元気なんや。ほっとしたわ」と。私の生活ぶりをひとしきり〝見学〟して、「私もこんなゆったりした生活がしたいわ」という言葉を残して帰っていきました。いまはストレスも溜まらないのですが、なにかあったときはいつでも愚痴を聞いてもらえる友達がいるということは心強いですね。

けんかをすることは大事

ストレスが溜まるのは大人だけじゃないですよ。子どももそう。だからこそ、感情を解放してあげることが大切です。

赤ちゃんは泣くのが仕事ですから、まずはしっかり泣かせてあげること。ただ、都会では住宅事情もあって、ご近所から「うるさい」と苦情を言われることもありますよね。お母さんたちは「子どもを泣かせてはいけない」と神経を使っておられることでしょうが、近所の公園にでも行って思いっきり泣かせてあげてほしい。もちろん、発達年齢にしたがって〝我慢〟を覚えさせていくわけですが、それは〝泣く〟時代を経てからのこと。子どもへの早すぎる抑制は、あとからツケが回ってきます。

幼児になってからも、子どもにおとなしくすることを求めすぎてはだめですね。悠はときどき、怪我をして保育園から帰ってきます。先日も重い積み木を持ってヨチヨチしているときに転んで帰ってきました。お友達と物を取り合って相手に小突かれ、悠はお友達の髪の毛を引っ張って反撃、二人で大泣きしたようです。二歳ですから、まだ力加減もわからないけれど、成長とともにお互いが「これ以上やってはいけない」という限度を学んでいくはず。子ども同士の〝争い〟を避ける親御さんも多いのですが、けんかをすることは大事です。おもちゃを取り合って泣いたり、ひっかかれたり。そうやって感情を爆発させたあとで仲直りをした経験は、対人関係の基礎になります。こうした経験がないと、大人になってもどうやって人との関係を結んでいいかわからず、引きこもりになってしまうことも。怒りを抑える、怒りを言葉に置き換えるといった感情のコントロールは、対人関係の中で学んでいくもので、一人ではできないんですね。

もちろん、放任しろということではありません。家庭では親が、保育園や幼稚園では先生たちが、安全に配慮しながら遊ばせるのはいうまでもないことです。それぞれのご家庭の判断によりますが、私は、命にかかわらない多少の怪我は、子どもの成長に欠かせないという考え。保育園の先生には「少々の怪我は気にしないで」とお願いしています。

子どもが怪我をしたとなると、けんか相手の親御さんに対して「こちらは被害者だ、どうしてくれる」と文句の一つも言いたくなるかもしれません。でも、今日は自分の子がやられる側だったとしても、明日はやる側になることだってある。命にかかわる怪我は別ですが、基本的には「お互いさま」という感覚でいないと、親も子も萎縮することになりがちです。回りまわって子どもの発達を阻害しかねません。

日中、お友達と追いかけっこをするなど、思いっきり体を使って遊び、歓声をあげたり、泣いたりと喜怒哀楽を表出していると、子どもはあまりストレスを溜めないようです。ところが、家でおとなしく遊ばせているだけだと、極端な場合は、いつまでも寝付けず、夜中まで起きていることにも。生活リズムが乱れるだけでなく、長い目で見ると脳の発達にも影響が出てくるともいわれています。

キレる前に喜怒哀楽の表出を

ただ、喜怒哀楽の感情を表出させればいいというものではありません。だれか大人が一緒に寄り添ってあげることが必要です。子どもが喜んでいるときはそれを受け止めて、一緒に喜ぶ。怒りや悲しみには共感しつつ、それがおさまるまで見守る。ときには言葉をかけながら一緒に気持ちのおさまりどころをさぐる、などのフォローが必要なのです。

悠と一緒に食事に行ったときのことです。そこはお座敷で、悠には小さな子ども椅子が与えられました。早速、そのうえに立ってうれしそうに遊び始めたのですが、落ちるかもしれないと感じて「危ないよ」と何度か降りるように注意しました。ところが、おもしろくてやめられないまま、しばらくして椅子から落ちてしまったのです。テーブルに口元をぶつけて、血が流れました。

どうしてやめさせなかったの、と思われるでしょうか。周囲の状況から、私は落ちてもたいした怪我にはならないと判断して言葉での注意に留めたわけです。でも口の中が切れていますから、ものすごく痛かったでしょう。悠は大声で泣き出しました。泣きながらも、すぐに両手を合わせて「ごめんなさい」のしぐさをするんですね。まだ言葉は出ないのですが、こちらの話すことは理解していますから、「注意されたのにやめなかった自分が悪い。ごめんなさい」という意味です。

それを見て、「ほらごらん、言ったとおりでしょ」とは言いません。だって、彼女は自分が悪かったことに気づいているわけですから。胸に抱き寄せて背中を軽くトントンし、「はるちゃんえらいねえ。がんばるねえ」と痛みに耐えている彼女をほめました。そうして三〇分ほどたったころでしょうか、ひとしきり泣いた彼女は気持ちのおさまりがついて落ち着いてくれました。

大人が寄り添って喜怒哀楽をちゃんと表出させる。これは子ども時代に欠かせない大切なことです。ギャーギャー泣かれるのはうっとうしい、大声で騒がれるとうるさいからと、子どもをおとなしくさせるばかりでは、子どもの側はストレスが溜まります。それが沸点までくると、もう爆発するしかなくなってしまう。それが〝キレる〟という状態です。

大人だって同様にキレますから、そうならないように感情の解放が必要なわけです。けれど、子ども時代に感情を抑制された人は、大人になって解放しようとしても、簡単にはできません。子どもらしさを奪うのは、ほんとうに怖いことなんです。

第二章
いじめで苦しんでいるあなたへ

いじめ体験から見えてきたこと

転校がきっかけで始まった

私の場合は、家の引っ越しにともなって中学一年の七月に転校したことが、いじめられるきっかけになりました。転校生というのは、集団の中に入ってくる異質な存在ですから、それだけで仲間はずれにされる要素があります。それでも、周りに合わせることができる性格ならまた違っていたと思うのですが、私はできなかった。

「一緒に遊ばない？」

そう誘われても、

「いま、これやってるから」

と、つい正直に断ってしまう。きっぱりした性格でしたので、周囲に気兼ねすることもなく、自分のありのままを出していたのです。

これは小学校のときも同じでした。ただ、小学校のお友達とは幼いころからずっと一緒だったので「みっちゃんはああいう子」と了解してくれていました。ところが、転校先では「カンに障る子やなあ」と思われてしまったんでしょう。

ある朝、学校に行って級友に話しかけたら、だれも返事してくれない。〝無視〟の始まりです。番長格の女生徒Aさんに話しかけられたとき、返事をしなかったため、睨まれてしまったのです。Aさんはいわゆる不良少女で、取り巻きが四、五人いました。ほかの生徒は、おべんちゃらを言うなどの気遣いをしていたけれど、私はいつも普通にしていました。それでお高くとまっていると思われたのかもしれません。

無視だけでなく、筆箱やお守りなどの私物をゴミ箱に捨てられたり、トイレに入れば上から水をぶちまけられたり……。机の上にゴミが山盛りにされていることもありました。ずぶ濡れの私を見た保健室の先生がいじめを疑ってくれたけれど、相談できなかった。状況が改善するどころか、「チクった」と言われ、いじめがエスカレートするのは目に見えていたからです。

実際に、その後、学校に行けなくなり、不審に思った母に問い詰められて、いじめられていることを告白。父が学校に訴えたところ、いじめはさらに陰湿になっていきました。毎日が地獄でした。

裏切った三人の親友

中学二年に進級し、幸運にもAさんたちとは違うクラスになりました。そうして、三人の親友もできたのです。毎日一緒にお弁当を食べ、おしゃべりしました。思春期の子どもですから、好きな子のことだとか、親にも言えないようなこともすべて話しました。一年生のときのことがうそのように、学校へ行くのが楽しかった。昼食後に飲んでいた薬について聞かれたときも、

「神経痛の薬やねん。おばあちゃんみたいで恥ずかしいから、みんなには言わんといてね」

正直に打ち明けていました。

一月八日、三学期の始業式が終わって、家に帰ろうとしたときでした。

「あんたに話があるねん」

クラスの女生徒たちに呼び止められました。

「いたずら電話の犯人、あんたやろ」

そのころ、クラスでいたずら電話が流行っていて、私の家にもかかってきたことがありました。もちろん、身に覚えのないことですから、

「絶対に違う」

と否定しました。すると、

「私ら、あんたが転校してきたときからむかついとってん」

いたずら電話の犯人などどうでもよかったのでしょう。不思議なことに、級友たちの後ろには三人の親友が立っていました。

「あんた神経痛なんやてな」

「B君のことが好きらしいけど、あの子は神経痛の子は嫌いやて」

級友たちから次々と罵詈雑言《ばりぞうごん》やからかいの言葉を浴びせられるなかで、私はようやく、親友だと思っていた三人がいじめグループの仲間だったことを知ったのです。親友だと信じて

包み隠さず話したことは、すべて筒抜けになっていました。

学校から家まで歩いて帰る一五分ほどの間に、私は自殺を決意していました。昂ぶる気持ちはなく、いたって冷静でした。

一年生の延長でいじめが続いていたのなら、我慢して耐えていたと思います。心にバリアを張ったままでいればよかったわけですから。ところが二年生になって親友ができた。心から信頼し、光明が差した。いったん気持ちが楽になっていますから、裏切られた衝撃は大きかったのです。悔しいし、ゆるせなかった。

いじめっ子として生まれる子はいない

自宅に帰り、指をカッターナイフで切って血文字の遺書を作成。死んだ後、心のうちをわかってほしくて三人の名前も記しました。紺の制服姿のままタクシーで武庫川の河川敷へ。葦の茂みの中に座り、果物ナイフで三回お腹を刺したのですが、なかなか死ねない。おばあちゃん子でテレビの時代劇をよく見ていたのですが、ドラマでは、斬られるとすぐ死んでしまいますよね。ところが、予想と違ってなかなか意識を失わない。強烈な痛みに座っていられなくて、そのまま横に倒れてしまったほどでした。傷のひとつは肝臓にまで達していたものの、多くの人の尽力で命を永らえることができました。

いじめに遭っていた当時は被害者意識が募るばかりでしたし、苦しみから助け出してほしいだけで、原因を探る余裕はありませんでした。弁護士になって、いじめの相談を受けるなどして初めて、自分のときはどうだったのだろう？　と考えるようになったのです。

その結果、私のようにはっきりものを言う、個性丸出しの子が転校してきたら、そりゃあ、いじめの対象になるわな、と思いましたね。いまなら、目立たず、その他大勢の中に隠れるなどして、もっと賢く立ち回ることもできるのですが……。

もちろん、いじめられる側に問題があるわけではないのです。「そりゃあ、そうだ。いじめる側が悪いに決まっている」——たいていの大人はそう思い、いじめる子どもを責めますが、いまの私はそう思いません。単純な問題ではないし、責めるだけでは問題は解決しないのです。

いじめっ子としてこの世に生まれ出てくる子どもはいません。ただ、学校でも家庭でも〝いい子〟でいることを強いられ、ほんとうの自分が出せずにストレスを抱えている子どもたちが多い。そのはけ口として、非行や暴力行為に走ったり、自分よりも弱い子をいじめるケースが出てくる。自分が苦しいから、自分よりも苦しいヤツをつくってやる、そういう心理ですね。

貧困や複雑な家庭環境の中、居場所がない、自分が大切にされていないと感じている子どもたちも同様です。親の愛情を感じることができない子が、親子仲良く買い物している級友の姿を見かけただけで、「あいつ、むかつく」と、次の日からいじめの標的にすることだってあるのです。

いじめられたらいったん避難を

いじめでストレス解消を図る子どもがいると、周りの子は自分がいじめられないように見て見ぬふりをしたり、いじめに同調したりします。悪いことだとわかっていても、自分の力では止められない、どうしようもないという状況に置かれているわけですから、彼らを責めることもできません。

いまの私は、いじめた子や同調した子どもたちの心理を理解することができます。でも、自分が渦中にいたときは「そんなの、知ったことか」でした。おそらく、いまいじめられている子どもたちにそんな話をしたとしても、「どんな事情があったって、いじめはアカン」と一蹴されるでしょう。被害者に加害者のことを理解しろと言っても、できるわけがありません。

けれども親や先生をはじめとした大人には、わかってほしいのです。一人ひとりの子どもが、子どもらしく生きられるようにしてあげることが、いじめをなくすことにつながるのだということを。

イギリスのフリースクールを視察したことがあります。日本では、いじめがきっかけで不登校になった子どもがフリースクールに通うことが少なくありません。ところがイギリスでは逆に、いじめた子が通うんです。いじめてしまう自分を知るためのカウンセリングを受け、心のケアをするわけです。

日本でも最近は、ＤＶ加害者に対して〝脱暴力〟への取り組みがなされるようになっていますが、いじめてしまう子どもに対するケアは置き去りのまま。少子化対策を言うなら、いま生きている子どもを大切にするためにも、彼らの心のケアをきちんとすることが必要でしょう。そうすれば、満たされない思いが〝いじめ〟となって外に向かうことを、多少なりとも防ぐことができるはずです。

一方で、大人はいじめられている子どもにもっと心を寄せてほしい。いじめ自殺があった後で、先生が「『なにかあるんだったら言ってくれよ』と声をかけたが、『なにもないです』と言われた」などとコメントを発表します。でも、「いじめられています」と自分から言う子はいません。子どものSOSを察知できるように目配りを怠らないと同時に、話しやすい雰囲気づくりを心がけ、じっくり話を聞いて子どもが抱える問題をつかみ出してほしい。

もっとも、近ごろの学校の先生は授業だけでなく、校務分掌をかけ持ちし、連日の職員会議に忙殺されていますから、先生にすべてを負わせること自体が無理なのです。いじめをなくすためには、先生たちの職場改善も不可欠でしょう。

また、子どもがいじめられていたら、親は無理に学校に行かせないでください。大人はよく「苦しいことから逃げたらアカン」と言いますが、逃げるのではなく、いったん避難する、ということです。私は割腹自殺未遂の後、親と担任に「もう解決したから安心して」と元の学校に戻ることを強要されました。ところが、三年生の新学期から学校に戻った私を待っていたのは、それまで以上のいじめでした。自己紹介の際、「趣味は……」と言おうとしたとたん「割腹自殺です～」と声が飛びました。「死に損ない」とも呼ばれました。

子どもにとっては学校と家庭がすべてです。それなのに、いじめられている学校に無理やり行かされ、家庭でも「逃げるな」と、つらさをわかってもらえない。これほど絶望することはありませんでした。

いつか解決するときがくるから

もしもいま、いじめられている子どもがいたら「いまはすごく苦しい状況だと思う。でも、その苦しさは絶対に長くは続かない。きっと解決するときがくるから、それまで負けないで」と伝えたい。私はいじめから逃れたくて自殺を図ったけれど、死ななくてよかった。助けてもらってよかったと心の底から思っています。いまの私はほんとうに幸せです。だからあなたにも、なんとしても生きていてほしい……。

私はいま四三歳、いじめられていたのは、三〇年も前のことになります。

「いじめた相手に会ったら、平気でいられますか?」

そう聞かれることがありますが、いまは、「どうってことない」ですね。でも、その人たちが目の前で転んでいたとしても助け起こそうとは思いません。それどころか、上から踏んでやろうかという気持ちになるかもしれません。完全に忘れられたときに、初めてすべてをゆるせたということになるのかもしれませんが、残念ながらそこまではいたっていません。

それだけ当時受けた心の傷は深いのです。こんなふうに自分の感情も分析できるわけですから、表面的には傷は癒えている。だけど根っこのところでは、普通の人生を送れなかった、つらい人生を歩まざるをえなかったという思いは消えません。過去にあったことは、すべて自分で一生背負っていかなあかんわけですから。

いまもときどき、いじめられていた当時の夢を見ます。割腹自殺を図ったとき、現実の私は助けられたけれど、夢の中ではだれも助けてくれないんですよ。苦しくてうなされているところを主人に起こされたり、自分の声で目が覚めたり……。まあ、寝相の悪い悠の足がお腹の上に載っていたってことも、よくあるんですけどね。

どの子も幸せでいられるようにすること——それが大人の責任だと思います。

「人間不信」から立ち直る

裏切った親友に思い知らせる方法で

前節で書いたように、中学二年生になった私は、いったんいじめから解放されるわけです。それどころか、三人の親友ができ、毎日がものすごく楽しくなっていった。ところが、実は親友たちはいじめグループと裏でつながっていた――そのことがわかったときの私の衝撃は、ほんとうに大きいものでした。

「信じていたのに、なんで私をだましたんや」と思うと、悔しくて悔しくて、強烈な憤りが身内から突き上げてきました。それと同時に、「こういういじめって、ずっと続いていくんやな。こんなつらい思いをし続けるのなら、もう死んだほうが……」と、絶望的な気持ちにもなりました。

でも、普通に死ぬのでは悔しすぎます。だって、死んだ直後はみんなが覚えていてくれても、日がたてばすぐに忘れられてしまいますから。そんなの絶対にいやだった。もちろん、いまの私は「どんな方法にしたって、死んだら終わりや」と思っています。だけど、一四歳の私は「あの子たちに思い知らせることができる方法で死んでやるんだ」と思ってしまった。そこで、指を切って血文字の遺書を書いたうえで割腹自殺、という方法に決めました。信用しきっていた親友たちに裏切られたという事実は、それほど大きかったのです。

暴走族の仲間にも疎外されて

結局、割腹自殺は未遂に終わり、救命された私は、三年生の四月から学校に復帰することになりました。まだ〝不登校〟という言葉もなく、なにがあっても学校に行くのが当たり前という時代でした。

「担任の先生がちゃんとしてくれたと言うてはるし、もう大丈夫やで。みっちゃんが学校行かへんなら、お母ちゃん、もう道歩けへん」

子どもの心配よりも世間体が先に立つ母の言葉に、どれほど傷ついたことでしょう。それでも、親友たちに裏切られてしまった私にとって、この世で頼りにできるのは家族だけです。嫌われたくない一心で、学校に戻ることを承諾しました。

ところが、学校はまったく変わっていなかったのです。というよりもよけいに悪くなっていました。初登校の日に「趣味は割腹自殺」とからかわれて絶句。以来、私は徹底していじめ抜かれました。傷ついている人間を、よってたかっていじめてくる級友を前に、私は「この子たちが人間だというなら、いますぐ人間をやめてやる!」と、一気に非行の道に入っていったのでした。家にも学校にも私の居場所はなかったのです。

でも、私の中には「人を信じたい」という思いが残っていました。おばあちゃん子で、「いつも仏さんが見ていてくださるよ」と教えられてきたからでしょうか、どんなに裏切られても「信じさせてよ!」という叫びのような思いが、心の片隅に眠っていたように思います。

最初に入った暴走族の仲間に対しても、心の扉は閉じていませんでした。皆なんらかの事情があって心に傷を負い、暴走族に入っている。自分と同じだという思いがありました。でも、心から信頼できる友達はできなかった。

一つには、割腹自殺の噂が仲間内にすぐ広がったからでした。そんな方法で死のうとする子はいませんし、彼らにしてみれば「向こうが悪いのになんで自殺するんや。相手を痛めつけてやったらええやろ」と理解できない。自分に刃を向けた私は、「不気味で気持ち悪い」存在だったようです。

だから周囲に覚せい剤はごろごろ転がっていたけれど、私にはだれも打ってくれなかった。そんな仲間のことを「私のことを思ってくれているんや。ええ人たちやなあ」と思ったこともありました。だけど話を聞いたらじつは違って、「こいつに打ったらなにされるかわからない」と思われていただけ。

いまになってみると、覚せい剤を打たれなくてほんとうによかったと思います。だけど当時は「ここまできても、私は疎外されないといけないのか、弾かれないといけないのか」と考えて、つらかった。もうだれも信じられないという気持ちがさらに募りました。

暴力団の世界からホステスに

荒れた私は、それからしばらくして暴力団の世界に入ります。仲間がほしい、一人ぼっちはいやだという気持ちからでした。暴力団の世界は大人の世界ですから、子どものようないじめはない。その代わりに「なんでこんな小娘が、この〝斬った張った〟の世界におるねん。どうせ腰掛けで、茶化しに来てるだけやないか」と思われて、迫害されました。そうされないためには仲間だと認知してもらう以外になかった。

そこで、もうこの世界から出ない、ここで生きていく——その覚悟を示すために、一六歳のとき、彫り師に頼んで〝観音様に蛇〟の刺青を入れてもらったのでした。身長はいまよりも少し低く、体重は三九キロ。まだ子どものからだに大人の彫り柄を当てはめたので、背中におさまるはずの刺青は一部がはみ出ました。

組長と結婚したのは、自分の居場所がほしかったからでした。長い間いじめられ続けてきて、「もういじめられたくない。より強い者のところに身を置きたい」という願望がふくれ上がっていました。夫に対する信頼感などは微塵もありませんでした。相手も当然そうだったでしょう。裏切りや寝返りがあるのは当然で、無防備に他人を信用するということは、「命を奪われる」ことに直結しますから。

当時の私は生きることに精いっぱいで、祖母から教えられた「人を信じる」気持ちを思い起こすこともありませんでした。生きるためにはこの世界でやっていくしかない、私の居場所はここにしかないと思い込んで、だれも信用しないと心に誓い日々を送っていました。

けれども、そこにも私の居場所はなかった。人間の汚さを見せつけられて身も心もボロボロになった末に離婚。組を離れて、大阪・北新地のクラブでホステスとして働き始めました。二一歳でした。心機一転の明るい再出発などではもちろんありません。一人の友達さえおらず、支えてくれる家族もいない。一人ぼっちで、ネオン街を漂流し始めたのです。

落ちるところまで落ちたという気持ちが渦巻き、自分の人生はこんなはずではなかったのにと思いながら、後ろ向きに、ただ生きる日々。毎晩、浴びるようにお酒を飲んで……。この世の幸せという幸せはみな、私ではない人のところに行ってしまい、不幸はすべて自分のところに来る。そう思っていました。

バリアを張った心を動かした一言

しばらくして、後に養父となる大平浩三郎さんに再会します。取引先を接待するために、私のいたクラブへやって来たのでした。大平さんは実父の知り合いで、私が子どものころ、家に遊びに来てはかわいがってくれていました。その日、「みっちゃんやないか」と声をかけてくれたために仕方なく挨拶をし、一枚の名刺をもらったことから、私の人生は大きく変わることになります。

大平さんは実父に連絡を取り、私が非行に走って家を出ていることなどを知ったのでしょう。その後は時々、喫茶店で会って話をするようになりました。父親のことを〝あいつ〟呼ばわりする私に、「親に向かっていう言葉やない!」と怒り、親身になって私の行く末を心配してくれる。そこには、昔どおりのやさしい〝おっちゃん〟がいましたが、私の心は閉じたままでした。

親友に裏切られ、暴走族の仲間からも受け入れてもらえず、暴力団の中で生きてきた私は、「信用するからだまされるんや。二度とだれも信用しない」という思いが骨の髄までしみ込んでいました。それは「また裏切られるかもしれない、裏切られるのは怖い」という気持ちの裏返しでした。自分が傷つくことに怯えきっていたのです。

だから、私を立ち直らせようとおっちゃんが言葉を尽くし、親切にしてくれればくれるほど、私は「信用せんとこ。口ではええこと言っても、おっちゃんだってみんなと一緒や」と心にバリアを張っていました。

でもどこか違う。おっちゃんからは独特のオーラが出ていて、「ほんまに心配してくれているのかもしれへんなあ」という思いが、疑り深い私の心にも芽生えてくるのでした。幼いころの思い出話をしては、「みっちゃんはほんまにえらかったなあ」とほめてくれることも、私の気持ちに変化をもたらしてくれました。

けれども、それを上回る反発心があったのです。あるとき、私は開き直って言いました。

「おっちゃん、立ち直れて言うんやったら、もう一回、中学のころに戻して！」

「たしかに道を踏み外したんは、みっちゃんだけが悪いのと違う。そやけど、いま立ち直らへんのはあんたが悪いんや」

そう言って叱ってくれたのです。心から私のことを思って叱ってくれている、両親から聞きたかった言葉を言ってくれたと思いましたね。それからは「おっちゃんにやったら、だまされてもええ」と思いながら、少しずつ素直に言葉を受け止めるようになっていきました。

信頼されることで受け入れることができた

養父は、私に「人を信用・信頼しなさい」と言葉で教えたわけではありません。心を開いて他者との関係を紡いでいくことの楽しさを、体験させてくれたのです。

宅地建物取引主任者（宅建）や司法書士の資格試験に挑戦していたころ、養父の友人・知人たちが先生役を買って出てくれたことがありました。だれもが、中学もろくに行かなかった私をバカにすることもなく、丁寧にアドバイスしてくれ、合格したときは「がんばったなあ」と心から喜んでくれました。慈愛に満ちたおじさんたちの〝応援団〟に囲まれて一時期を過ごせたことも、人間観を変える要因になったように思います。

もちろん、なににも増して、養父の存在自体が私を〝人間不信〟から解放してくれました。まず、なにがあっても私を信頼してくれました。そのうえで、身をもって「裏切る人間ばかりではない、人間は信頼していいんだよ」ということを教え続けてくれました。信用、信頼してもらえたことで、私もまた、心の底から養父を信頼することができたのでした。

いまの私は、もう裏切られることを恐れてはいません。仮にいま、だれかに裏切られたとしても、自分が崩れることはないですよ。自分が悪い、見る目がなかったと思って、いい勉強材料になった、という程度に受け止めます。こういうふうに考えられるようになったのも、養父が、つらかったころの私の話を十分に聞いて心の回復を図ってくれたおかげだと思います。

養父に再会する前の私は、「生まれてきたときも一人、死ぬときも一人」とつぶやき、孤独を覚悟して生きていました。でも、寂しいという気持ちは抜きがたくありました。だからお酒の力を借りて現実から逃避して……。ウイスキーやブランデーを一日に一本飲んでいたけれど、心の隙間が埋まるのは一時だけ。酔いからさめると虚しさが押し寄せ、それから逃れるためにまた浴びるように飲む。そんな生活でした。

もしもいま、昔の私と同じように「だれも信じない」と思っている人がいるなら、少しだけ心に柔軟性を持って、徐々に人を受け入れていってはどうでしょう。

人に対して心を閉じてしまうのは、私もそうだったように、「裏切られるのが怖い」から。では、どうすればいいか？　自分がこれだけしてあげたのだから、相手も必ず応えてくれると思わないことです。見返りを要求すると、それが得られないときに不満が生じます。それは自分にとってプラスにはなりません。なにかをするときは見返りを求めるのではなく、ひたすら心を開いて相手に気持ちを伝えてください。そうやって接していくと、いつの間にか似たような人が集まり、いい方向に回り始めます。

あの人は信用できない、この人もだめと疑心暗鬼で暗い気分に陥っていては、決して楽しくなりません。一度きりの人生ですから、どうせなら明るい気分で過ごしたい。それには、心の持ち方を少しだけ変えてみてください。むろんそうしたから常にハッピーでいられるというわけではないですよ。だけどこれだけは言えます。心の持ち方を変えずにずっとマイナスの発想でいては、いつまでたっても楽しくはならない、と。

世の中、裏切る人ばかりじゃないですよ。

プラス思考への脱皮

母親にも教師にも認められずに

だれでも最初から後ろ向きに生きているわけではないですよね。私も、子どものころは明るかったし、中学一年の夏に転校していじめに遭うようになってからも、初めは先生や級友を信じてよい方向に考えようとしていたのです。でも、何度も何度も裏切られ、「どうせなにを言うてもアカン」「どうせ裏切られる」と気持ちが後ろを向くようになっていった。長い時間をかけて、マイナス思考しかできない人間になっていったのです。

気持ちに添うように、生き方まで後ろ向きになっていきました。割腹自殺を図ったり、その後、非行の道をまっしぐらに進んだり……。

それでも、人間というのは不思議なもので、どこかに「このままではアカン」と思う気持ちがあるものです。中学三年生のときでした。近所の美容院で髪をカットしてもらった際、美容師のお姉さんの話に惹かれて、美容師になってやり直そうと思ったんです。それまでは勉強する気も起きなかったのですが、放っていた教科書を取り出して勉強し、美容学校受験の準備を始めました。そのかいあって合格。うれしさのあまり合格通知書を握り締めて中学校へ走り、担任の先生にそれを差し出したんです。反抗ばかりしてきたけど、先生は喜んでくれる、ほめてくれる、そう思っていました。

ところが、私が報告の言葉を口にするよりも先に、先生は茶色に染めた髪に目を留めて、

「そんな髪の毛やったらどこへ行ってもあかんぞ」

そう言うと職員室を出て行ってしまいました。見捨てられたような思いでした。

家に帰って母に合格を報告。喜んでくれたのですが、その後の母の一言に傷つき、私は家を飛び出すことになります。

「高校行かんと美容学校行くこと、親戚にどう説明したらええんやろ」

世間体ばかりを気にする母を目の当たりにして、腹が立って仕方ありませんでした。今から思えば、やり直したくてがんばったのに、先生も母も認めてくれないと、やりきれなかっ

たのでしょう。

その後の私は転落の一途をたどり、だれの言葉も信用できなくなった。自分には金輪際、良いことなど起きるわけがないと思い込んでいました。

自信をくれた宅建合格

それから七年ほどたって、私は過去を捨てて立ち直ろうと決意することになります。けれども、就職したくても、中卒でしたから、面接にこぎつけることもできません。そのとき初めて、中学時代にいじめられたことや非行に走って暴力団組長の妻になっていたことなど、それまでのつらかったことを大平のおっちゃん（後の養父）に話しました。

「いじめたやつを恨んでるか？」

「うん、恨んでる」

「だったら復讐をしたらええやないか」

そう言って勧めてくれたのは、「自分が立ち直って相手を見返す」ことでした。

「資格を取って、相手を追い抜け」

おっちゃんの言葉に上手に乗せられて最初に取り組んだのは、宅地建物取引主任者の資格取得でした。なにか一つ、成功体験をさせることで自信をつけさせたい、そうすれば私のマイナス思考——ひがみ根性が軽減していくだろうと思ってくれたようでした。

それまでの私は、恨みつらみの塊だったんですよね。世間の誰もが自分など相手にしてくれないと、勝手に思い込んでいた。そういう気持ちは相手にも伝わりますから、どんどん社会から疎外されてしまう。そうするとよけいに恨みが募って、「どうせ私なんか……」と考えるようになっていく。悪循環で、いつまでも立ち直ることができなかったのです。

宅建の勉強を始めたものの、ちょっとつまずくとひがみ根性が出てきます。

「私なんか受かるわけないやんか」

「一回で合格せんでもええ」

愚痴をこぼすたび、おっちゃんは私の気持ちをなだめ、ほぐしてくれる。そうやって、後ろを向く気持ちを少しずつ、前へ前へと向けていくことができたのです。

三ヵ月後、運よく宅建の合格通知を手にすることができました。おっちゃんの会社に報告に行くと、

「ほんまか。すごいなあ」

ものすごく喜んでくれました。

「一回で合格やなんてすごいことやで。みっちゃんはやったらできる。自信持ち」

何度も何度もそう言って喜んでくれたのです。その言葉通り、この合格は「やればできる」という自信をもたらしてくれました。

次に、登記業務の専門家、司法書士の資格に挑戦することにしました。ところが、勉強開始から半年で受験したものの、不合格。おっちゃんに報告に行くと、

「残念やったけど、よう頑張ったなあ。ほんまによう頑張った」

そう言ってねぎらってくれました。けれど私は、

「問題が悪かったんや」

と弁解してしまったのです。宅建合格でそれまでのマイナス思考から脱することができたとはいえ、うまくいかないと誰かのせいにしてしまう。ひがみ根性がチラチラと頭をもたげてくるのでした。

「そやけど、ちゃんと受かってる人もいるんやで」

おっちゃんの言葉に、ぐうの音も出ませんでした。でも、叱られたことで落ち込むのではなく、「同じ問題で受かった人もいる、自分には足りないところがあったのだ」と納得し、次は頑張ろうという気持ちになっていました。そのときに限らず、おっちゃんは要所要所で私のマイナス思考を修正してくれるのでした。

なにがなんでも司法試験に合格してやる

翌年、二度目の挑戦で司法書士の資格を取得。次の目標を司法試験に定めました。大学の教養課程の単位を取ると司法試験の一次試験が免除されるため、大阪のある私立大学の通信教育部の特修生コースを受験。レポートを提出して合格し、面接へと進みました。それが終わって入学手続きの説明を受けた際、私は面接官に確認しました。

「通信教育でも、一般教養の単位を全部取れたら、司法試験の一次試験は免除されるんですよね?」

すると面接官は、肝心の免除になるかどうかは教えてくれないまま、いかにも馬鹿にしたような口調で言いました。

「司法試験というのは日本で一番難しい国家試験なんですよ。東大、京大を出ても合格するのが難しいのに、なにを言うてるんですか」

そりゃあ、腹が立ちました。でも私はもう、その場から逃げ出したり、面接官に食ってかかったりはしませんでした。

「どうせ私なんか、司法試験に受かるはずないと思われてるんや。みんな私のことを馬鹿にしてるんや。それやったらもうやめたるわ。大学も行けへんわ」

と自暴自棄になることもありませんでした。

「悔しいなあ。よーし、なにがなんでも司法試験に受かったる。受かって、馬鹿にしたこの面接官を見返したるんや」

固く自分に誓ったのでした。おっちゃんと再会して四年。ときどきマイナス思考が頭をもたげることはあっても、自分の力でそれをプラス方向に修正することができるようになっていました。

中学時代、美容学校の合格を知らせて担任に冷たい態度をとられたときも、「一流の美容師になって見返してやろう」と考えることができていれば、その後、暴力団の世界に行くこともなかったと思うのです。逆に、大学受験のときには、面接官から馬鹿にされたからといって投げ出してしまっていたら、自分に跳ね返ってきていたはずです。司法試験にチャレンジするところまで到達することすらできなかったばかりか、世の中を恨んで、誰かを恨んで、うまくいかない人生を呪いながら生きることになっていたでしょう。

この二つの出来事を振り返るにつけ、客観的事実は一つにしても、自分の心の持ち方しだいで天と地の差ができるなと思います。

認めてくれる人がいさえすれば

予定通りに大学三回生で司法試験の二次試験を受け、幸いにも一度で合格することができました。結果としてうまくいったからマイナス思考に陥らなくてすんだのだと言われるかもしれませんが、「必ず合格する」と信じて、ひたすら前を向いて勉強していたからこそ、合格できたのだと思っています。

弁護士として少年事件を手がけていたときに出会った子どもたちは、昔の私がそうだったように、学校や家庭、社会で傷つけられ、皆一様に、自信をなくしていました。養父がしてくれたように、根気よくほめて諭して自信をつけてあげることができれば、前進と後退を繰り返しながらも、また前向きに生きていけるようになったかもしれません。

私も少しは努力したつもりでしたが、弁護士には限界があります。子どもたちには、どこまでも親身になってくれる存在が必要なんですね。根気強く見守り、「頑張っているね」と認め、ほめ、自信をつけてあげられるのは、やはり一番身近にいる親だと思います。

また、成人して親から自立している人なら、心の持ち方一つで変われますよ、と言いたい。私のように資格取得に取り組むのも一つの方法です。

受からなかったら、ますますマイナス思考に陥ってしまうかもしれないと、二の足を踏む方もいるでしょう。そういうときは、たとえば川柳や短歌、俳句などの投稿はいかがでしょう。テレビや新聞、週刊誌など、いくつものメディアが作品を募って優秀作を発表しています。未経験でも少し勉強すれば作れるようになりますから、「三年後に入選する」などと自分で目標を設定して、後はせっせと投稿すればいいのです。

私の知人に、そうやって短歌を作っているうちに夢中になり、作品もポツポツ採用されるようになって、ものすごく前向きになった人がいます。だれかから認められる、評価されるということは、心の持ちようまで変えてくれるのです。

現状を受け入れるのが原点

揺り戻しはあったとしても、自分のなかでプラス思考が定着するようになれば、ふいにつらいことが押し寄せたとしても、すぐに明るい面を探してとらえ直すことができます。妊娠がわかった後、医師から「流産の可能性がある」と言われたときがそうでした。医師の説明を聞いて真っ先に思ったのは「流産しないために私にできることがある。ありがたい」でした。

医学的なことは医師に任せるしかないのですが、たとえばあまり動かないよう安静にするなど、自分にもできることがありますよね。悲観的にならず、できることを考えて努力しよう、そうすることで気持ちが暗くならなければ、きっといい方向にいくと考えたのです。もちろん、無事に生まれてきてくれたのは、悠自身の生命力ですが、私自身が「必ず無事に生まれてくる」と信じていたこともいいほうに作用したと思うんですよ。

悠がダウン症だと知らされたときもそうでした。マイナス思考のままだったら、「どうして自分のところにばかり」とひがみ、悠のことまで恨んで、現実と向き合うこともないまま、いたずらに時を過ごしてしまっていたかもしれません。

悠を産んだときには、幸いにも物事をプラス思考でとらえられるようになっていました。どの程度の障害かはわからないけれど、一緒に努力することで少しは軽くすることができるかもしれない。その喜びを味わわせてもらえるかもしれない。悠と一緒に生きるなかで自分はきっとたくさんのことを教えられ、成長していくことができるはずだ——と。

でも、しばらくして医師から面会の許しをえて悠と対面した私は、そんな思考とは無関係に、かけがえのない〝いのち〟をさずかったという喜びを実感していました。いとおしさで胸が熱くなりました。保育器で眠る、やわらかくてあたたかい、〝いのち〟そのものの小さなからだをさすりながら、うれしかった。いまこの瞬間を、この子とともに生きていることが、ただ、ありがたいと思いました。明日のいのちはだれにもわからない。けれども、いま、私たちは生きている。そう思ったのです。

現状を受け入れる、そこに喜びがある。それがプラス思考の原点なのかもしれません。

母との溝が埋まるまで

電話で言われた「来なくていいよ」

いじめに遭ったときなにもしてくれなかったとか、苦しかったときなにもしてくれなかったなど、長い間、私は両親のことを恨みに思い続けてきました。ところが二二歳の秋、宅地建物取引主任者の試験に合格。気持ちに余裕が出てきたせいか、「でも、やっぱり悪いのは私やわな」と思えるようになったのです。親に暴力を振るったのは事実ですし、さんざん苦労をかけてきたから謝ろうという気持ちにもなりました。

「謝りに行きたい」

実家に電話してそう話したら、電話口で母に言われました。

「来なくていいよ」

昔の私なら、「もうええわ！」となるところですが、まだ立ち直り方が十分じゃないから受け入れてもらえないんだと思いました。それまで暴力団や水商売の世界にいたのだから、ほんの数ヵ月で宅建に合格し、

「さあ、私は立ち直りましたよ」と言っても、だれも信用してくれませんよね。当たり前です。

そのころにはもう司法書士試験を受けることにしていましたので、受かってからもう一度、謝りに行こうと決めました。半年後の試験には失敗しましたが、翌年には合格。しばらくして実家に電話しました。また拒否されるのではないかとドキドキしながら……。電話に出た母は、謝りに行きたいという私の話を聞くと、

「じゃ、帰っておいで」

そう言ってくれました。おそらく、養父が両親のところへ行って、様子を伝えてくれていたのでしょう。司法書士試験に合格したことも知っていました。

受話器を置くと、すぐ養父に電話。両親が会ってくれること、これから実家に行くことを報告しました。養父は同行すると言ってくれましたが、

「自分がしたことやから、一人で行ってくるわ」

と断りました。一時間後、私は実家の玄関に立っていました。

「こんにちは」

「どうぞ」

母と他人行儀な挨拶を交わした後は、客間に通されました。出されたお茶も、茶托に載った蓋つきの茶碗。ああ、やっぱりまだ受け入れてくれていないと思いました。当然だと思う気持ちの一方で、寂しい思いがこみ上げてくるのでした。

七年ぶりの謝罪

家を出て七年余り。この間、刺青をいれるために親の承諾印を強制的に押させたり、必要書類を取りに行って「貸せ!」と荒々しい言葉をかけたりしたことはありました。でも親子で静かに向き合ったことは一度もなかったのです。

座卓を挟んで私の前に父と母が並んで座りました。私は座布団を外して両手を畳につき、頭を下げました。

「いままで本当にごめんなさい」

「みっちゃん、もうええよ」

父がそう言うと、母の口から嗚咽《おえつ》が漏れました。私も泣きました。

母のほうを見ると、垂れた頭が目に飛び込んできました。白髪染めをしているのですが、髪の分け目の根元が真っ白です。子どものころ、友達から「みっちゃんのお母さん、きれいね」と言われるのが自慢でした。その母をこんなにも老けさせてしまったのは私だ、そう思ったとたん、また涙があふれました。

「もうええ、もうええ」

父の声と母の嗚咽。それを聞きながら、私は黙って泣いていました。

帰りがけに父が言ってくれました。

「また帰っておいでや」

それからは両親の顔を見るために頻繁に実家に帰るようになりました。甘いものが好きな二人に手土産を持参し、いつも歓迎してもらっていました。それでも、子どものようなな「親子」意識は持てず、いつもなにか溝があるように感じていました。

〝和解〟をしたからと言って、それまで抱えてきた両親へのわだかまりが、すっきり消え去ったわけではないのです。なにかのきっかけで心のなかで爆発することがありました。「父も母も私を助けてくれなかった！」と。

亡くなる直前の父の一言

そんなときでした。父が大腸がんに冒されているとわかったのです。司法試験の勉強を始めてすぐのことでした。私が心配ばかりかけたからだ、がんになったのは私のせいだと本気で思いました。父に喜んでもらうためにも司法試験に合格したいと懸命に勉強。幸いにも一年しないうちに父を喜ばせることができました。関東や京都で司法修習中の二年間（当時）は、毎週末、大阪に帰り、実家で過ごすようにしていました。

当時は病気の父のために親孝行をしているつもりでしたが、いま思えば、私自身のためにやっていたことだと気づきます。一つは罪悪感から逃れるために。もう一つは、もう余命いくばくもないことはわかっていましたので、できることを精いっぱいしておきたい、後悔したくないという気持ちから。でも、どちらも自己満足にすぎません。

亡くなる直前、病院から自宅に帰っていた父の枕元に呼ばれました。私は大阪弁護士会に弁護士登録をし、活動を始めていました。

「いい娘を持って幸せや」

消え入りそうな弱々しい父の言葉が聞こえました。父にそう言ってもらう資格などどこにもありません。でも、もう父に私の声は届かないと思い、夢中で両手を握り締めて、

「うん、うん」

と繰り返したのでした。

この父の言葉によって、不思議なことに父へのわだかまりは消え去っていました。それからしばらくたった一九九八年二月、父は亡くなりました。まだ七〇歳でした。

わだかまりがなくなったとき

その後、母はひとり暮らしになりましたが、血圧が高いこともあって心配でたまりませんでした。仕事をしていても「ご飯をちゃんと食べてるやろうか」と気になります。

「一緒に暮らそう」

そう持ちかけて私のマンションで母と同居するようになったのは、父の死後、一年ほどたってからでした。

とはいえ、まだ母をゆるせたわけではありませんでした。母はいつも娘である私のことよりも「世間体」を一番に考えていました。いじめられた苦しさから自殺を図ったときも、高校に進学しないと決めたときも、「こんなことしたら恥ずかしい」「どうやって親戚のおばさんに話そうか」と口にした母。そんな母への積もり積もった思いが、消化できないまま残っていたのです。

同居後は、おいしいものが好きな母のために、毎週末二人で食べ歩きをするなど、母と私の関係は悪くはありませんでした。ただ、私は「この人はこの人、変わらないんだ。いちいち腹を立てていたら身がもたないから」と思いながら接していましたし、母の側も、普段からあまりしゃべるほうではなく、静かに本を読んでいる。ぶつかり合うことがなかっただけで、私たちの間には相変わらず、見えない距離がありました。

母へのわだかまりがなくなったのは、初めての著書『だから、あなたも生きぬいて』の脱稿直前でした。

実は当初の原稿は、出版されたものとはまったく違う内容でした。「私は弁護士になってこうやって立ち直ったから、みんなも立ち直れる、がんばりなさい」と〝上から目線〟で書いていた。母との葛藤についても、「私がもう少し心を開いて母に相談していたらこうはなっていなかった」と大人の目で分析していました。

「こんな本を出そうと思ってる」

書き上げたばかりの原稿を母に見せました。母のことにも触れていますので、出版前に目を通してもらおうと考えたのです。

「みっちゃん、こんな本やったら出さんとき。本を出すんやったら、いじめられて苦しかったときにお父さん、お母さんがどういう言動を取ったのか、全部正直に書き。それで、少なくともお父ちゃん、お母ちゃんみたいなアホな親をつくらんですむようになったらええな」

しばらくして、原稿と一緒にそんな言葉が返ってきたのでした。

「そやけど、そういう本を出したら、お母さんたちが非難されることになるかもわからんよ。お父さんは死んでるからええけど、お母さんひとりが悪者になるかもわからんで」

「かまへん」

母の口からそんな言葉が出るとは思ってもみませんでした。そのときまで母のことを、世間体ばかり気にするいやな女だ、こんな女にだけはなりたくないと思っていたのです。でも、母はもう私の知る母ではありませんでした。一七年の別居生活の間に、母もまた変わっていた。「母親として、同じ失敗を繰り返さない」と決めていたのかもしれません。

母の強い勧めに突き動かされるように、仕事の合間を利用して二週間で原稿を書き直しました。出来上がって真っ先に母に見せたら、

「みっちゃん、ようがんばったね」

うれしそうな顔をして、ほめてくれました。

アルツハイマー発病まで

二〇〇〇年二月、『だから、あなたも生きぬいて』が世に出ました。書いたのは私ですが、「子どもを泣かせてはいけない」という母の強い思いから生まれた本でした。単行本と文庫本で合わせて二六〇万部。たくさんの方々に読んでいただけたことで、勇気を振り絞ってくれた母の気持ちに、少しは応えることができたように思っています。

ところが、わだかまりがなくなって喜んだのも束の間。翌年ごろから、母の言動を見ていて「ちょっとおかしいな」と感じることが増えました。昼間、事務所にたびたびやってくる。マンションは歩いてすぐのところなので、「話は夜、聞くね」と言って帰ってもらうのですが、ある日、気になって様子を見に行くと戻っていない。しかも鍵もかかっていないのです。近所を探し回って八百屋さんで買い物をしている母を見つけたものの、財布も持っていないのでした。

すぐに脳ドックを受診。アルツハイマーと診断されました。医師は「完治はないけれど、症状の進行を少しだけ遅らせる薬がある。服用すれば一年くらいはあなたの顔もわかるし、普通の会話ができる。ただ、その後は急激に進行する」と。たとえ一年であれ、母の症状が固定してくれるなら、その間に思い出作りができると考え、治療をお願いしました。

母は旅行が好きでしたから、地方での講演などへ一緒に行くこともありました。講演が終わると、温泉につかったり、おいしいものを食べたり、二人の時間を過ごすのです。そのころは咀嚼するのが難しくなっていましたので、食べられるものを取り分けて、「お母さん、これおいしいで。食べられるやろ?」

「うん。おいしいなあ」

そんな母とのひとときに、どれだけ幸せを感じたことでしょう。

けれども医師の言葉通り一年後には症状が悪化。徘徊もひどくなりました。二四時間三交代でヘルパーさんをお願いしていたのですが、それも限界にきていました。また私自身も、大阪市の助役に就任したことで多忙を極めていた時期。そんな事情をケアマネジャーの方に打ち明けて相談したところ、当時、でき始めたばかりのグループホームを紹介されました。見学に行くと、食事はすべて施設内で調理され、スタッフも同じものを食べていることなどがわかり、入居を決めました。

母がグループホームに入った当初は、週に一回必ず面会に行っていました。ところが私が帰ると、母は精神的に不安定になって施設の人たちにわがままを言うらしいのです。私と一緒でなければご飯を食べない、家に帰りたい、などと。それを知って、胸が締め付けられる思いでした。連れて帰ってあげたい。けれども、それはできないことでした。信頼のできるスタッフに行き届いたケアをしてもらえる――その平穏な日常こそが、記憶の薄れゆく母の幸せだと考えたのです。

それからは、施設へ行っても母とは直接顔を合わせないようにしています。私の顔を見て里心がつき、施設での生活がいつまでも仮のものであってはいけない、との考えからです。ときどき施設を訪れますが、私の知る母の面影はありません。でも、スタッフに支えられて歩く姿を物陰から見ていると、母が穏やかな気持ちで暮らしていることがわかります。

父とは亡くなる直前に和解、母とも、アルツハイマーが発症する前に溝を埋めることができ、心残りはありません。母から大きく歩み寄ってもらえたために、気持ちのうえで棚卸しできたこともたくさんありました。

母は今年八〇歳。どんな形であれ、父の分まで長生きしてほしい。それが娘としての一番の願いです。

第三章

いま求められる規範意識とは

助役就任、決断のとき

世の中のお役に立ちたい

關さん（淳一・前大阪市長）から助役就任を要請されたのは、二〇〇三年の十二月、市長当選から間もないころでした。初対面でしたが、

「一緒に大阪市を変えていただけませんか」

「わかりました」

そんなやりとりで即決しました。というのも、關さんも私も前しか向かない性格で、彼は医師、私は弁護士という職業柄、物事を論理で考える。そういう共通点があり、意気投合したからです。

私は、一〇代のときは好き放題の人生を送り、二〇代は勉強だけ、三〇代は弁護士の仕事

に打ち込んでいました。もっとも弁護士は、積極的に選んだわけではなく、資格試験に挑戦するという目標の先にあった〝結果〟です。だから、四〇代になったらほんとうにやりたいこと――出家して、自分のためではなく、なにか世の中のお役に立つことをしようと決めていました。

その手始めというわけでもないのですが、弁護士になってからは近所のおっちゃん、おばちゃんの困りごとの手助けをボランティアで行ってきました。「相続手続きはどないしたらええん?」と聞かれたら、「こんなふうにしたらええよ」と手続きや用紙の記入方法を教えてあげる、といったようなことです。

最後の大きな仕事として

助役の話をいただいたとき、真っ先に思い浮かんだのは、そんなご近所の方々の顔でした。そしてその向こうには、大勢の大阪市民がいます。助役になれば、行政の力でこの街をよくすることもできるかもしれない、いままでお世話になってきた大阪の人たちにご恩返しができるのではないか、と考えたのです。

そして、行政の経験はまったくありませんでしたが、「三八歳といういまの年齢ならまだ頭も柔らかいし集中力もあるので、短期間の勉強で知識を吸収できる」と判断したのです。もし五〇代、六〇代だったら無理だとあきらめていたかもしれません。

また、当時の私には助役を引き受けられる環境が整っていました。

出家してひとさまのお役に立つという新たな目標実現のために、弁護士事務所をたたむつもりで準備していたのです。仏教の勉強をしようと、〇四年四月から京都の中央仏教学院に入学するつもりで、新規の事件の受任をお断りするなどしていました。弁護士としての業務を続けていたら、そのかたわら助役の仕事をするなどということは不可能ですから、要請をいただいてもすぐにお受けできなかったと思います。

中央仏教学院への入学は待っていただきました。目標実現は少し遠のくことになりますが、「社会のお役に立つ」という目標からずれるわけではありません。社会的な立場での最後の大きな仕事と位置づけ、助役の仕事に取り組むことにしたのです。

改革委員会の委員長を引き受ける

「行政経験ゼロ」という批判のなかで助役に就任しましたので、翌年三月まで給料を全額返上して行政の勉強に集中させていただきました。そのような環境に置いていただけたことを感謝しています。

三ヵ月の間、〝隅から隅まで〟と言ったら大げさですが、それぐらい勉強しました。毎日、睡眠時間は二〜三時間。

一方で就任直後から、いろいろな声が届き始めました。いわゆる内部告発です。働いていない職員が裏金から給料を何千万円も取っているとか、職員採用時に一部の市議会議員が口利きをして一人あたり数百万円もらっているとか、ありとあらゆる情報が入ってきました。

でも私は、その時点では一切公表しませんでした。外部から来た私がそれらの情報を公にし、いきなり市役所を変えると言っても、ひとりではなにもできません。まずは市のことをほんとうに思っている職員を見つけることが必要だと、なにも知らないふりをして、周囲の様子をじっと見ていました。

そろそろ行動しようかなと思っていた〇四年十二月、職員のカラ残業や互助会を通じた職員厚遇問題が発覚しました。労働組合にプールされていた裏金、百数十億円も明るみに出たのです。すべて市民の税金ですから、市長以下、特別職は全部辞めろという声が高まり、「大阪市は大阪から出て行け」とまで言われて……。市役所のなかは蜂の巣をつついたような状態になりました。

市長とほかの二人の助役は市の職員出身ですから、責任はあります。私は外部から入りましたので、なんら関与していないのですが、市長が辞めるのならそれに続くつもりでした。でも、市長は辞職しなかった。

たとえ自分だけでも辞めるほうが楽なことはわかっていましたが、問題発覚の二、三日後には私も留まることに決めました。なぜか。もしも市長や私が辞めてしまうと、厚遇問題は闇から闇へと葬られてしまう。辞めることは辞める、でも、それはこの膿をある程度出してからにしよう、と決めたのです。

市長はこの問題解決のために福利厚生制度改革委員会を設置しました。当然、ほかの助役が委員長になると思っていたのですが、市長室から電話で「大平さん、引き受けてください」と。それを聞いて、瞬時にさまざまな思いが駆け巡りました。

〝大阪市憎し〟で市民の非難ごうごうのなかで矢面に立つのだから、かなりのバッシングがあるだろう。職員の給料も削らなくてはいけなくなるから、彼らを敵に回すことにもなる。市役所内外の改革されたくない人たちが邪魔をしてくるだろうし、命の危険だってあるかもしれない。ましてや私の過去が過去だから、なにを言われるかわからない。厚遇問題の責任は私にはない、どうして引き受けなアカンねん、やめとこう……。

でも、もしもこれを引き受けなかったら、なんのために助役に就任したのかわからない。大阪市の人々に恩返しをしたいと助役を引き受けたくせに、この一年間、なにもできなかった。それに、仮にどれだけバッシングを受けて非難されたとしても、そんな私の姿を見て悲しむ人は誰もいない。すでに実父も養父も亡くなり、母は健在ですがアルツハイマー型認知症でもう現実認識力がなくなっていました。

よし、委員長を引き受け、本腰を入れて改革に取り組もう——受話器を握りしめ、そう腹をくくったのでした。そして福利厚生だけではなく、この機会にあらゆる膿を出してやろう。そう思った私は、その他の権限も広く含まれるように、市長の了解を得て福利厚生制度改革委員会に「等」の一文字を加えました。

飛び交った怪文書

辞表を書いて執務室の机の引き出しに入れてから、委員長として動き始めました。最初に取り組んだのは特殊勤務手当の削減です。職員にモチベーションを持って働いてもらうためには福利厚生制度が必要なことは言うまでもなく、なにがなんでも削減という方向で走り出したわけではありません。市民の目から見て常識はずれのことはやめる、それだけでした。

ところが、特殊勤務手当を洗い出してみると一〇〇種類以上あるのです。そこで、「なぜこの手当が必要なのですか」と職員に一つひとつ聞いていきました。時間がかかる大変な作業です。

こんなことがありました。ある部門の職員の福利厚生として、健康診断の際にPET（陽電子放射断層撮影装置）検査を導入したいとその部門の長が言ってきた。PET検査は、特定の部位にがんの疑いがある場合には健康保険の適用が認められていますが、健康診断の段階では保険がきかず、多額のお金がかかります。なぜ福利厚生費を使ってその検査をする必要があるのかと聞くと、「うちの部門の職員は一般職よりも神経を使うからです」と。

「おたくの部門の職員が仕事をするうえで、一般職員よりもがんになる可能性が高いなら、福利厚生費ではなくて本体の予算に入れましょう」

私がそう返すと、

「そこまでするにはデータがない。しかし、福利厚生でやってあげたい」

そう言うのです。

「それは大変な部下思いですね。そんなにやってあげたかったら、ご自身の退職金で実施したらいかがですか。市民が苦労して納めた税金ですることではありません」

私はそこまで言い切りました。弁護士というのは、法の上での〝けんか〟が仕事ですから、どんなときも引き下がりませんので〝けんか〟慣れしているのかもしれません。

この件に限らず、そんな具合にいつも〝けんか〟をしていましたから、周りは敵だらけです。職員にとっては、改革イコール給料が減ることですから、一筋縄ではいかない。

組織論を語るとき、二割が改革派で二割が守旧派、あとの六割は見ているだけとよく言われますが、それとよく似た状況でした。つまり、敵ばかりというわけではない。少なくとも、現状ではダメだと思っている職員はいました。「自分たちでできることはしたい」と手紙をくれた人も。表立って「あなたの味方よ」と言わなくても、こういうふうに思ってくれている人がいるとわかっただけでうれしかった。がんばろうという気にさせてくれました。

しかし、そうはいっても、腹の立つことのほうが多かった。あることないこと、面白おかしく言われましたし……。朝出勤したら、机の上に「おまえは何様や」などと書かれた誹謗中傷の文書が置かれていたり、「大平助役は水商売のお姉ちゃんもびっくりするような派手な格好で暴力団と密会していた」という内容の怪文書が流れたりしたこともありました。密会していたと言われていた当時は連日深夜まで会議だったのですが……。もっとも、そこまでいくと腹が立つというよりもあきれて、書いた人が哀れになりました。

笑顔のエールに支えられて

テレビなどのマスコミも、連日のように悪意の塊のような批判を繰り返していました。「大平のような悪女はいない」とでもいうような報じ方で、「嵐を呼ぶ女」とまで言われていましたから、もちろん、はらわたは煮えくり返っていました。事実ではないし、なにも知らない人がなにを言ってるんや、と怒りたくもなる。それでも、なにも反論しませんでした。

これまでの人生が、唯一そこだけ、私を成長させてくれていたのです。物事を成し遂げるために、信頼して私に任せてくれている人々のために、いまは我慢しろ、と。

つらかったこの時期の一番の心の支えは、どこへ行っても「大平さん、がんばってや」と声をかけてくれるおばちゃんたちの存在でした。在任中は話せないこともありましたから、誹謗中傷されている事柄について、いちいち「あれは違うねん」と説明したりしませんでした。それでも、おばちゃんたちは、「応援してるで」「がんばってや」とただ励ましてくれたのです。

あるとき、商工会の方が「私ら、助役になる前からナマの大平さんを知ってるし、信じてる。みんなそうやと思うで」と言ってくださった。『だから、あなたも生きぬいて』以来、たくさんの人が応援し続けてくれている、負けてられへん、と改めて痛感したのです。ものすごい力をもらったように感じました。

街で出会う子どもたちの笑顔や笑い声にも、やる気をかきたてられました。大阪市をここまでにしてしまったのは私たち大人であり、子どもにはなんの責任もありません。「子どもたちに借金のつけを回すことはできない、次世代に胸を張って託せる大阪市にしたい」と考えていました。

たしかにつらいことが多かったけれど、いまから思うと恵まれていましたね。たまたま厚遇問題が明るみに出て場所を与えられ、任せてもらえた。自分が非難されても悲しむ人がいない環境があり、腹をくくることができた。おばちゃんたちのエールもあった。すべてがめぐりめぐって、「これが助役時代の私の実績です」と言えるものが残せたのだと思っています。

いまの私に同じことができるか？　主人がいて悠がいる。守りたい大切な人を持ってしまった私には、もうできませんね。

ひとのせいにしたらアカン

秋葉原事件に思う

二〇〇八年六月、七人が死亡、一〇人が負傷した東京・秋葉原の事件が起こりました。容疑者は犯行を事前予告し、直前まで携帯サイトに書き込みを残しています。捜査段階で「書き込みを読んで犯行を止めてほしかったが、だれも止めてくれなかった」と供述しているようですが、甘ったれるのもいいかげんにしなさいと言いたい。事件当時、彼は二五歳だったということですが、実年齢に関係なく大人になれていない。精神年齢は幼稚園の子ども以下ではないでしょうか。

私は弁護士として少年事件に関わってきましたが、秋葉原の容疑者と似た生い立ちの加害少年は珍しくありません。勉強がよくできる優等生で、親の敷いたレールに乗っていい高校に入ったけれど、周囲も優等生ばかりだから浮上できない。その時点で初めて挫折感を味わうわけですが、長い間、親の言いなりになってきたから、勉強以外の別の道を自分で見つけることができず、現実との折り合いのつけ方もわからない。結局、うまくいかない現実を前にして過去を振り返り「あいつのせいで俺はこんなふうになってしまった」と鬱憤をためていく。そうして、ついには腹いせに〝復讐〟することになってしまうんですね。

ただ、だからといって「あいつのせいでこうなった」という感情をずっと持ち続けてきたとは限りません。過去を振り返ったとき、忘れていた出来事が不意に思い出されることだってある。〇八年七月には、愛知県に住む一八歳の少年が、中学校時代の担任教師を刺す、という事件がありました。この少年の場合も、実人生がうまくいっていたなら、中学時代の担任のことなど思い出しもしなかったでしょう。

現実がうまくいっていない、本来はこんな自分じゃないはずなのにと思ったとき、だれかのせいにしないとおさまりがつかないんですね。そうして見つけた〝標的〟へのうらみを晴らそうと、行動を起こす。その矛先は直接、標的に向かうこともあれば、無関係な人に向かうこともあります。被害に遭われた方々はたまったものではありません。

親の犠牲になっているという鬱憤

社会を震撼させる大きな事件の加害者だけでなく、家庭内暴力や非行などを起こした子どもたちも「親が悪い」「学校が悪い」「担任が悪い」「友達が悪い」「世間が悪い」と口にします。私は付添人（少年事件の場合は刑事事件における「弁護人」をこう呼ぶ）として接する少年たちには「あんたが一番悪いんや」とよく言うんですけどね。

非行少年たちは「自分が悪い」「反省しています」と口では言います。もともと家でも学校でも〝いい子〟を演じてきた子たちが多いですし、家庭裁判所の審判などで、できるだけ軽い処分を受けたいという打算もありますから。だけど、信頼関係が芽生え始めると、ポロリと本心を明かすんです。

「小さなころから親に気に入られることだけを考えてふるまってきた。なにもかも親に決められ、抑圧されて生きてきた。自分がこうなってしまったのは親が悪い。もう一度やり直したいから、母親の腹の中に戻してくれ」――そう訴えた子は一人や二人ではありません。

大人たちが考えなくてはいけないのは、生まれついての非行少年はいないということです。もちろん、親の側も子どもの存在を大事に思って育ててきてはいるのでしょう。けれども、その育て方に問題があることが少なくない。勉強だけしていればなにも言わないし、ほかのことには価値を認めようともしない、という……。

親にしてみれば、好きなことだけをやって生きていけるわけがない、世の中はそれほど甘いものじゃない、だから「勉強しろ」と口うるさく言うんだという思いでしょう。すべて「子どものためを思って」している、と。そうであったとしても、子どもの気持ちが〝親の思い〟の犠牲になってしまって、行き場がなくなっている。親の犠牲になっているという憤懣は子どものなかで日に日に募り、事件に至るまでには相当強固なものになっています。

彼らは、自分の存在価値を親に認めてもらっていないと思っているのです。人形、ロボット、道具――さまざまな言葉で、彼らは〝親にとっての自分〟を表現します。事件を起こしたことで、親がそうした子どもの思いに気づかされ、人形ではなく一人の人間として見るようになると、子どもは変わり始めます。親子関係が修復されていくことによって、時間はかかっても確実に立ち直っていくのです。

一線を越える／越えないの差はどこから

家庭内暴力も、非行も、秋葉原の無差別殺傷事件のような凶悪事件も、根っこにあるものは同じです。ただ、秋葉原の容疑者の場合はそれまで非行に走ることもなく、ある日、一気に事件を起こしてしまっている。普通の生活から一足飛びに殺人に向かった。勉強さえしていればいいと言われて過ごしてきた結果、相手をおもんぱかるという、人間として大切な感情を学ぶことができなかったせいだと私は考えています。

他人を蹴落としてでも自分が一番になれればそれでいい、という成績至上主義の子にとって、同級生は友達や仲間ではなく、打ち負かさねばならない相手にすぎない。だから、到底かなわないとなったときには「あいつさえいなければ」といったゆがんだ感情が形成されてしまうことにもなりかねません。そこから、自分の邪魔になる存在を消すという、恐るべき思考が出てくるのでしょう。

かつては私も非行に走り、親に暴力を振るいました。いじめの被害者から転じて、一時は親にとっての加害者になっていました。でも、私の場合は、自分が悪いことをしているのは百も承知だったのです。ゆるされない行動だとわかりながらも、自分が非人間的な扱いをされたことに耐え切れず、「やり返してやる」と親に向かっていった。でも、親殺しは考えたこともありませんでした。

なぜ一線を越えずにすんだのでしょうか？　それは私の中に確かな規範意識があったおかげです。おばあちゃん子だったので、「世の中にはしていいことと悪いことがある。悪いことは決してしてはいけない」と教えられていました。また、子どものころに親から勉強を強制されることもなく、友達と目いっぱい遊び、けんかや仲直りの仕方を学んでいたからでもあるでしょう。遊びの中で、こういうことを言うと友達は傷つくとか、ここまで叩かれると痛いとか、身をもって〝限度〟を学んでいったのです。

子どもの気持ちに寄り添って

勉強だけできたらそれでいいという育ち方をした子は、成績が悪くなると「自分はだめだ」「なにもできない」と自己否定するほかなくなります。そして、もう人生は終わりだと錯覚してしまうのです。

そうではなく、一つのことに行き詰まっても、自分の力でさまざまな道を切り開くことができると知っていれば、だれかにうらみを持つ必要はなくなります。人生はうまくいかないこともあるけれど、いろいろやっていけば明るい局面が見えてくるのだと子ども時代に〝体験〟させてやるのが、親の仕事と言えます。

もしもお子さんが乳幼児なら、とにかくたくさん遊ばせてあげてください。積み木一つとっても、最初からたくさん積める子どもはいません。積んでもすぐガラガラと崩れることで「うまくいかないことがある」とわかりますし、やり直した後の〝成功〟も体験できます。子どもは失敗を経て、試行錯誤しながら積み方を工夫して、大きな家やタワーを積むことができるようになっていくのです。

さらには、お友達と一つの積み木を取り合ってけんかもすれば、せっかく積んだ積み木を崩されて泣きもするでしょう。そうした一つ一つが、人間関係の結び方を知る大切な経験となります。

中高生のお子さんがいて、「子どもの気持ちがよくわからない」「もしやうちの子もなにか事件を起こすのではないか」と不安に駆られている方がいらっしゃるかもしれません。よく

「なんでも話してねと言っているんだけど、うちの子はなにも話さない」という親御さんに会いますが、子どもは「話しなさい」と言ったって絶対に話しません。自然に話せる雰囲気をつくることが大事なのです。

子どものころから勉強ばかり強いてきた、成績がいいときだけほめて、だめなときは無視したり、叱り飛ばしたりしてきた――思い当たるところがある方は一度、子どもの気持ちに寄り添ってみることです。そうして、遅まきながらも向き合える親子関係なら、じっくり子どもの言い分を聞き、「ごめんね」と謝る。子どもは「今さら謝ってもらっても」という思いが強くて反発してくるでしょう。けれども時間がたてば親が自分を理解してくれたという実感が少しずつ湧き出てくる。そうなれば徐々に親をゆるせるようになっていくものだと思います。

親子関係があまりうまくいっていない、子どもとの会話がほとんどない場合は、親戚のおじさんなど、その子のことをよくわかっている第三者に間に入ってもらって、子どもの気持ちに寄り添ってもらう。このとき、子どもに説教してしまうような第三者では逆効果です。まずは、つらい思いをしてきた子どもの気持ちを吐き出させることが大事でしょう。

寄り添って、そのつらい気持ちを全部受け止めてあげると、子どもの心にも余裕が出てきます。子どもは自分が悪いことをしているとわかっていますから、「そやけど、おまえも悪かったな」「こういう考え方もできるで」などという忠告にも耳を傾けられるようになってくる。ただ、そこまでたどり着くには時間がかかるので、長い付き合いになることを覚悟して関わってくれる人でないとだめですね。

心を閉ざさず、前を向こう

秋葉原の容疑者は、自分のつらい気持ちを事件の取り調べで初めて吐き出すことになりました。そうなる前に誰かに話せていればよかったのですが……。もしくは、つらさをぶつけられる対象物が彼にあったならと悔やまれます。

自分の屈折した思いを、たとえばがん細胞の研究に打ち込むことで発散したり、小説を書いたりして成功した人は大勢います。同じように幼いころに不遇な思いをしても、崩れずにすんだ人というのはなにか打ち込めるものがあったのです。それによって日々が充実し、まして成果が出るなどすると、つらかった過去のことはどうでもよくなるわけです。

いま、自分は不遇だと感じている人がいたら、過去を振り返って〝うらみ〟をぶつける標的を探すよりも、趣味でも仕事でもなんでもいいから、打ち込めるものを見つけて、と言いたい。その対象が社会的に役に立つものならなおいい。認められれば、だれでも自信がつくものです。

私自身がいい見本です。昔はうまくいかないことを担任教師のせいにしていたこともありました。ところが養父に出会って「人のせいにしたらアカン。一番悪いのはあんたやろう」と言われた。私自身も自覚していたので、その言葉が胸にスーッと降りてきた。「そうや、悪いのは私や」と思ったときから、人生が動き始めました。

秋葉原の容疑者をはじめ、凶悪事件を起こした人たちのことは、どんな理由があったとしても絶対にゆるすことはできません。でも、私に養父との出会いがあったように、彼らにも親身になって話を聞いてくれる存在がいれば、あのような結末には到らなかったのではないかという思いはします。あるいは「使い捨てられている」と本人が感じるような仕事ではなく、充実感の得られる仕事に就いていたのなら、崩れることがなかったかもしれません。おそらく、どちらの体験もなかったのでしょう。

そうした〝過去のつらさを吐き出せる場〟がないのに、事件の前にだれかが「あなたの心を変えなさい」と言っていたとしても、彼の心には響かなかったでしょう。私自身も一人では心を変えることはできなかったと思いますから。

養父との出会いは私にとって、たとえようもないほどありがたいものでした。自分にはそんな出会いがないと思っている人がいるかもしれませんが、どこかであったのに、あなたが心を閉ざしていたのかもしれませんよ。気持ちを前向きに持っていないと〝出会い〟を逃してしまうことだってあります。それに、話を聞いてくれる存在が得られたとしても、二四時間一緒にいてくれるわけではない。やっぱり最後は、自分の心の受けとめ方しだいなのです。

私の宗教心

祖母の教え

父も母も働いていましたので、幼いころの私はいつも祖母と一緒でした。いわゆる〝おばあちゃん子〟です。祖母は八三歳で亡くなったのですが、当時は六〇代でした。祖母との生活でいまも思い出すのは、いつも〝仏さん〟があったこと。おかげで子どものころからお線香のにおいが大好きで、いまも嗅ぐと心が落ち着きます。

母方の祖母の実家は浄土真宗本願寺派（西本願寺）で、家には仏壇がありました。祖母は毎日夕方四時ごろになると、へっついさん（かまど）でご飯を炊き上げ、おひつに移していました。そのご飯を脚のついた小さな器に盛り、仏さんにお供えします。お仏飯ですね。そうしてろうそくと線香に火をつけ、鈴を鳴らしてから「正信偈《しょうしんげ》」というお念仏を上げるのです。これはどんなことがあっても欠かしませんでした。

私も一緒に仏さんの前に座って、教えられたとおりに「まんまんちゃん、あん」と言いながら手を合わせていました。少し大きくなってからは、「みっちゃん、仏さんにお供えして」と、よそったばかりのお仏飯を祖母に託されるようになりました。祖母と一緒にお経を読む〝お勤め〟をするのは変わらないのですが、小さいながらも役割をもらったことがうれしかったものです。

お饅頭でも果物でも、いただいたり買ってきたりしたときは、まず仏さんにお供えしていました。その後、「お下がりをちょうだいします」と言いながら祖母が仏壇から下げて、ようやく私の口に入るのでした。子どもですから、買ってもらったお菓子を早く食べたいときもありました。でも口に出したことはありません。それは決してゆるされないことであり、おやつは、仏さんが召し上がってからいただくものだと、なんの疑問もなく思っていたからです。

ささいなようですが、私はこの経験から〝待つ〟ことや〝がまんする〟ことを覚えたように思います。また、自分が「こうしたい」「こうしてほしい」と思っても、それが通らないことがあるし、一方で、それは待つことによって手に入る場合もあるのだと、身をもって知りました。

目に見えない存在への畏怖

祖父の祥月命日にはお寺さんがお経を上げに来てくれました。その間、私も祖母と一緒に並んで座り、手を合わせる。お寺さんがお帰りになるとき、祖母は仏壇にお供えしたお饅頭などを袋に入れて「お持ち帰りください」とお渡しする。そうするとお寺さんが袋の中からなにか一つ取り出して、必ず私にくれるのです。

「ありがとう」

お寺さんにお礼を言うと、私の頭を撫でながら、

「この子はえらいねえ。ちゃんとありがとうが言えるね」

そうほめてくれました。記憶に残っているのは四歳ぐらいからですが、いつもそうでした。どんなに小さい子でもほめられるとうれしいですから、がんばって、またほめられることをしようと思ったものです。

祖母のお供をして、お墓へもよく行きました。祖父の墓は四国なので遠くてめったに行けなかったのですが、祖母の実家の墓が家の近くの寺町の一角にあったのです。月に一回お墓の掃除をして花を供え、線香をたいてから手を合わせる。祖母から「ちゃんと健康に育ちますようにとお願いするんやで」と言われた通りに、心の中でそうお願いしていました。

そんなふうに私の子ども時代は、身近なところに〝仏さん〟がありました。日々の生活のなかでいろいろなことを学んだわけですが、もっともしっかりと私の心に根を下ろしたのは「世の中には、仏さんという目に見えない存在がある」ということ。また、祖母から聞かされ続けていた「みっちゃん、だーれも見てへんかっても、お天道さん（太陽）は見てはる。そやから嘘をついてもアカンし、悪いことをしてもアカン」という言葉も、私の中に刷り込まれていきました。

仏さんもお天道さんも私のなかでは別のものではなく、漠然とではありますが、いつも私を見ている自分以外の存在として認識していたように思います。それは、信仰心というよりも、いつも自分を見守ってくれているという、素朴な畏敬の念であり、畏怖の念でもあったのでしょう。

本当は後ろめたかった

しっかりした規範意識が根付いていたにもかかわらず、なぜおまえは非行に走ったのだと疑問を持たれる方も多いことでしょう。

私が非行に走ったのは、いじめられて割腹自殺未遂をした後、両親に転校を許されず元の学校に戻ってからのことでした。いじめはやむどころか、さらにエスカレート。そんな地獄から脱したくて、一四歳の私は暴走族の人たちのなかに居場所を見つけたのです。

いじめられていたとき、クラスメートに受け入れてもらおうと、自分では目いっぱい努力しているつもりでした。けれど、なにをしてもだめだった。もしも仏さんやお天道さんが見ていてくれるなら、私はここまで苦しむことなんかないはず。

「仏さんや神さんはどこにもいてへん。私が信じてきたものなんか、どこにもないんや」

心のなかで悪態をつきながら、暴走族の人たちと遊びまわるようになっていました。

でも今思えば、幼いころから畏敬・畏怖していた目に見えない存在が、どこにもいないと思ったわけではなかった。反発だったのです。親に対する恨みと大人全体に対しての憎しみ

——苦しいのにだれも私を助けてくれないと反発しながら、それでもどこかで助けを待っていました。

大人への憎しみを持ち続けていたものの、祖母だけは別でした。両親には暴力を振るっても、祖母にはできませんでした。それどころか祖母には荒れた姿を見られたくないと近づかないようにしていた。「だれに対してであれ、暴力を振るうのは悪いことだ」という、教え込まれた規範がありますから、本当は後ろめたかったのです。大好きな祖母を悲しませたくないという思いもありました。

一時は暴力団組長と結婚し、極道の世界に身を置いた私ですが、そういうときも規範を重んじる意識からくる後ろめたさは心のどこかにありました。なにかの拍子に頭をもたげてくるのです。「いつまでもこんなことしてたらアカン」と。そうして少しずつ「立ち直ろう」という気持ちが出てくるのでした。

出発点となった清荒神

離婚して大阪・北新地でホステスをしていたとき、後の養父と再会。私は本格的に立ち直りの道を歩むことになります。その出発点となったのは、宝塚市にある清荒神《きよしこうじん》でした。

もともと家は西本願寺さんですから、阿弥陀仏一筋。お正月の鏡餅も飾らないほど、徹底して神さんは拝みません。そのうえ、そのころはまだ「神も仏もないじゃないか！」という思いが強かった。けれども養父から「清荒神さんに一緒に行くか」と声をかけられた私は、「ふん」と返事していました。養父に人を「うん」と言わせる雰囲気があったのはたしかですが、素直にお参りしようという気持ちになれたことは不思議でした。

阪急電車宝塚線の清荒神駅で待ち合わせて、そこから細い参道を二キロほど登っていきます。両側には茶店や土産物店が並んでいて、お店のおじさん、おばさんが「ようお参りで」と声をかけてくれる。みんなにこにこと、いい顔をしているんですね。

「いままで自分は人の顔をまともに見てこなかったな」

ふいにそう思いました。それまでの私は人と会って話をしても、「なにを考えてるねん。言うてることとお腹で思ってることは違うんやろ」と裏ばっかり探っていた。お店の人たちの邪気のない顔を見ながら、人の気持ちを拒絶していたのは自分だったのだと気づきました。

門をくぐって境内に入ると、養父は「やり直そうと思うんやったら、もういっぺん生まれたときの状態に戻って、手を合わせてみい」と。言われたとおりにすると、右手と左手がぴたっと吸いつくように合った。このとき、本気で一からやり直そうと決めたのです。

そのとき、規範意識や努力という、〝ちゃんと生きる〟作法が、私のなかで立ち上がってきました。それは、祖母が幼い私の体に染み込ませてくれていたものでした。以後、私はまた〝目に見えない存在〟を意識することができるようになっていきました。目標を立てて真面目に努力し続け、つらくてもがまんし、投げ出さずに結果を出す――昔なら笑い飛ばしていたそんなことが、一つ一つクリアできていったのです。

心の中の「悪」にストップをかけるもの

後に弁護士となって非行少年たちに接するようになりますが、立ち直らせようとしても、なかには〝ちゃんとやる〟ということがどういうことか、まったくわからない子もいました。知らなければできないわけですから、「人の嫌がることをしてはいけない」「人をいじめてはいけない」「人のものを盗んではいけない」「人を傷つけてはいけない」など、当たり前のことを一から教えないといけない。しかも言えば身につくというものでもなく、時間がかかる。

がまんできずに途中で「もうええ！」と挫折してしまう子も少なくなかったのでした。

ああ、これは幼いころから、ちゃんと生きるとはどういうことかを教えておかなくてはいけない――つくづくそう思いました。世の中には〝目に見えない存在〟があるということを、です。これを知っていれば生き方が違ってきます。

企業で働くにしても同じです。最近は「儲けのためなら、ばれない限りなにをやってもいい」という風潮が強くなっているようです。しかし、ばれるまで平気でいられるものでしょうか。

たとえば食品偽装は、顧客をだます行為です。幼いころから「ちゃんと生きる」ことを教えられている人なら、できないはず。〝目に見えない存在〟がいると知っている人なら、人間としてこれはやってはいけないことだとブレーキがかかります。

人間は欲深くもあり、なるべくなら楽をして生きたいと考えがちです。ですから、心のなかに生じる「悪」にストップをかけるなにかが必要になります。私は自分の体験からも、幼いころからの「目に見えない存在があなたを見ていますよ」という教えが、その役目を果たしてくれると思っています。

そういう意味で、一番してはいけないのは、隣にいるだれかのせいにして子どもを叱ること。電車内ではしゃぎまわるわが子を叱るとき、「ほら、隣のおじさんがうるさいってにらんでいるからやめなさい」と言うお母さんがいますね、あれです。子どもは、うるさいおじさんがいなければやってもいいのだと理解してしまいます。つまり、ばれなければなにをやってもいいのだと。

このごろは若い両親だけでなく、祖父母も孫を叱れなくなっているようです。先日も新幹線の通路を走り回っている兄弟に遭遇しましたが、若い両親が注意しないだけでなく、一緒にいる祖父母も兄弟の様子を笑って見ている。それがあまりにも続くので、祖父母の近くに行って「うるさいので、少し静かにさせていただけますか」とお願いしたんです。ところが、二人は相変わらず笑顔で兄弟を見ているだけ。駅に着いたのでそのまま降りてしまったのですが、ほんとうに驚きました。こんなことで子どもたちの規範意識は育つのかと、暗澹となりましたね。

祖母が私に教えてくれたように、「目には見えなくても、いつも仏さんがあなたを見ていますよ」と悠に教えたいと思っています。今の家に仏壇はありませんが、毎朝、悠と並んで食卓に向かい、正信偈をお唱えしています。意味はわからなくても、お経にはリズムがあるので心地いいのでしょうか、一五分くらいの間、じっと聞いてくれています。大きくなって、「なにかわからへんけど、お母さん、毎朝あんなことしていたなあ」と思ってくれればそれでいい。どこかの宗派を信仰するようになってほしいなどとはまったく思っていません。それは悠自身が選択し、決めることですから。

ただ、この世の中には目に見えるものだけでなく、目に見えない存在があることを体で感じてもらいたいのです。

「八百万の神」の精神を取り戻そう

「他人は痛くない」と思っている子どもたち

三一歳で弁護士になって、主に少年事件を受任してきました。ところが徐々に、自分が抱いていた少年・少女のイメージが変わってきているのではないかと感じることが多くなってきました。

こんなことがありました。傷害事件を起こした子に被害者の気持ちをわからせようとしたけれど、いくら話して聞かせてもわかってもらえない。それで自分の手をつねらせて「どう?」って聞いたのです。

「痛い」と言うから、「そうでしょう。あなたが痛いということは、他人だって痛いんだよ」

と。そうすると、「自分は痛いけれども、他人は痛くない」と言うのです。もちろん、強がりや反発心などからそういうことを言っている可能性もありますので、慎重に確認しました。けれど、本心からそう思っているようなのです。

これには驚きました。

他人の痛みがわからないというのとは違って、そもそも「他人は痛くない」と思っている。相手もまた、自分と同じ血が流れた人間だとか、いのちあるものだという感覚を持っていない。まるでゲームのキャラクターのように、死んでも生き返る、くらいの感覚でいるのです。

私たちの時代の非行少年も、たしかにワルで、いろいろな事件を起こしました。けれど、少なくとも他人の痛みはわかっていた。だから、暴力を振るうときも、これ以上やったら死んでしまうという直前でやめられたのです。

ところが、弁護士として出会った少年たちは、仮に自分が暴行して相手が死んだとしても、「死んでしまったな」という感覚しかないのです。これはいくら言葉を尽くしても、この子たちを導いたりアドバイスしたりするのはもう無理だ、自分の手には負えないとつくづく思いました。

宗教教育は必要

たまたまある会合で企業経営者の方にその話をしましたら、「バーチャルゲームの影響が一つ。核家族化で祖父母がいないなかで育っているせいもある。しかしなにより大きいのは、戦後、宗教教育がなくなってしまったことです。たしかに戦前は国家神道のために多くの国民が犠牲になった。その反省は必要だし、悪いところは悔い改めなくてはいけない。だけど、宗教のいいところまでなくしたことによって、日本人は芯となるものをなくしてしまった」とおっしゃったのです。

仏教であれ、キリスト教やそのほかの宗教であれ、いのちをはぐくむことや他人を大切にすることなど、人間の心の持ち方を教えてくれます。人間は完成して生まれてくるわけではないですから、そうした根っこをしっかり育てないといけない。ところが宗教教育をしてはだめだということになり、公立学校では一切教えられなくなりました。身体は大きくなっても根っこは危ういまま、という大人が増えているのも当然でしょう。子どもたちの「心を補う」という意味でも、宗教教育は必要だと共感を覚えました。

もちろん、日本国憲法第二〇条「信教の自由と国の宗教活動の禁止」は尊重しなくてはなりません。同条第三項に「国及びその機関は、宗教教育その他いかなる宗教的活動もしてはならない」とあるように、公教育での宗教教育はできないし、する必要もないと思っています。でも、家庭やプライベートスクールで教えることには、もっと積極的であっていいというのが私の考えです。

いいものをどうよく使うか、が問題

子どもたちに宗教教育をしていきたい。そのためにはまず自分が勉強しようと考え、二〇〇三年に中央仏教学院への入学を決めました。ただ、その年末に大阪市の助役に就任したことから、実際には翌年秋、三年制の通信コースに入学しました。

中央仏教学院を選んだ理由はいろいろありますが、一つには、まとまった期間、外界から断たれて厳しい修行を積むのは、仕事を続けながら、あるいは子育てをしながらでは無理だということ。卒業から一年以上たつのに僧侶資格を得ていないのも、本山に一一日間こもって修行をしなくてはいけないからです。悠がもう少し大きくなってから、と考えてはいますが……。

宗教の話をすると「本来のイスラム教は寛容な宗教だということは承知しているけれど、自爆テロも続発しているし、宗教がないほうが世界は平和なんじゃないかと思えてくる」などと言われることがあります。たしかに宗教は諸刃の剣です。戦前の日本がそうだったように、社会に対していい作用も悪い作用もある。ただ、要は、いいものをどうよく使うか、の問題だと思うのです。

宗教教団が権力闘争の場になっているという指摘は否定しません。組織に入った以上はより高い地位に就きたいと思うのが人間でしょうから。でも、一部に悪いところがあるという理由で、すべてをネガティブに捉えてしまっては、もったいない。

私自身、こうやって仏教のことを学んではいても、教義をそのまま子どもたちに教えるつもりはありません。もちろん教義は大切ですが、むしろ人間としてあるべき姿を、幼い子どもたちにきちんと伝えていきたい、という思いなのです。

「なんてアバウトなんだ」と思われるでしょうか。でも、私は〝八百万の神〟の精神を取り戻すことを提唱したいと思っています。多くの宗教が共存をはかる〝宗教多元主義〟を実現させるのは、世界的に見ると難しいかもしれませんが、日本では昔からそうやってきたのですから。

いまだって、キリスト教の信者でなくてもクリスマスはお祝いするし、お正月になると神社に初詣に行って手を合わせ、おみくじを引く。教会でウエディングドレスにタキシード姿で結婚式を挙げた夫婦でも、子どもが生まれれば神社で七五三のお祓いを受ける。受験のときは神社に行って〝お守り〟を受けてくる。お彼岸やお盆には墓参りをし、死ねばお寺さんを呼んで仏式でお葬式――ものの見事に宗教的ちゃんぽんを実践しています。

「私はクリスチャンです」「ユダヤ教徒です」などと、一つの宗教を信仰している他国の人々にとっては、日本的宗教観は奇妙に映るかもしれません。この実態を見て「日本人は無宗教だし、宗教的節操がない」と嘆いたり、批判したりすることもできるでしょう。でも、ほんとうに日本人は無宗教なのでしょうか。私はそうは思いません。

いつか開きたい「日曜学校」

現代の日本人が、イベントと化した宗教行事だけを追いかけて、自分に都合のいい部分だけを生活に取り入れている。それは事実です。肝心の〝宗教の心〟がなおざりにされていることも否定しません。

けれども、かまどなど火を使う場所にも水を汲む井戸にも、それぞれ神々をまつってきた日本の土着の宗教的伝統が、すたれてしまったわけではないのです。右を向いても左を向いても、東西南北どこにでも神さんがいらっしゃる。ものにはみな〝たましい〟が宿るということを昔から心に刻み、畏れながら大切にしてきた——それを宗教と呼ばずに、なんと呼べばいいのでしょう。

この、伝統に根ざした日本人の「宗教への寛容さ」があれば、さまざまな宗教のいい部分を取り入れていくことが可能です。そういうアバウトさをマイナスに捉えず、宗教の未来的な姿だと考えてはどうでしょう。

いまの私は修行中の身ですが、浄土真宗本願寺派の僧侶の資格を得たとしても、一般のお寺さんのように、お葬式や供養のようなことをするつもりはありません。

では、なにをするのか——それはまだ白紙状態です。当初は出家することを考えていたものの、結婚して子どももできましたので、百パーセント僧侶として生きることはできなくなりました。

いまは、漠然とですが、日曜学校のような形にして子どもたちを集めて、いろいろな遊びやお話をするなかで浄土真宗のいいところを伝えていければいいなと思っています。なにがなんでも寺院を持ちたいという気持ちはなくて、この自宅でもいい。もちろん、お寺が見つかればそこでもいいですし、とにかく形式にはこだわっていません。

対象は、幼稚園ぐらいから小学校高学年まで。小さければ小さいほど、教えたことがストレートに染み込みますので、ほんとうは幼稚園ぐらいまでの子がいい。極論をいうと、子どもではなく乳幼児をもつお母さんたちに直接教えられたら一番いいのですが……。子育ての悩みやぐちを気軽に言える場として活用してもらいつつ、私もいろいろ話をしていければと思います。子どもではなくお母さんたちを対象にするなら、日曜学校よりは平日に開いたほうがいいでしょうね。

私が伝えていきたいこと

文部科学省が『こころのノート』と題する小・中学生用の教材を配布し始めたのは〇二年

からでした。手元にある小学校一・二年生版を見ると、目次のキャッチフレーズに「うつくしいこころをそだてよう」とあります。いのちを大切にしようとか、友達を大事にしようとかいうことを、このノートで考えさせようということなのでしょう。

これと似たようなことを教えようとしているのではないかと誤解されるかもしれません。でも、私はそういうことをいくら口で言っても、電光掲示板のように字面が頭の中でくるくる回っているだけで、効果はないと思っています。

先生や親から「友達は大事にせなアカン」と言われても、その子自身が、親や先生から「大事にされている」と感じることができない状態では、なにを言っても届きませんよ。

先生はそういう表面的なことを教えるのではなく、子どもに対して「君を大事に思っている」ということをまず伝えないとだめなんです。流暢な言葉でなどなくていい、短くていいし、態度に示すだけでもいい。笑顔一つでも、子どもは「ああ、この先生は本当に自分のことを心配してくれているなあ」と感じ取ることができますから。

そうすると子どもは心にゆとりができてきます。自分がだれかに大事にされていることが実感できると、言われなくても友達を大事にできるようになるのです。

日曜学校では、一人ひとりの子どもに「大事に思っているよ」と私が伝えることで、「友達も大事やな」と考えてもらえるようにしていきたい。そういう段階を踏ませてあげたいのです。

あるいはお母さんに対してなら、お母さん自身に心のゆとりを持ってもらえるように働きかけていきたいですね。頭では「ああ、そういうことか」とわかっても、お母さん自身にゆとりがないと、子どものことをじっくり考えられないからです。

二言目には「忙しい」と口にされるお母さんでも、毎日のスケジュールを細かく追ってノートに書き出してもらうと、意外に時間を無駄にしていることが多いようです。自覚しないままに長時間テレビを見ていたりして。「この部分を削っていけば、子どもと接する時間が増えるんじゃないの」というような細かいことまで含めて、一緒に考えていきたいとも思っています。

それから、前にも書いた「この世の中には目に見えるものだけでなく、見えないものもある」ということは、しっかりと子どもたちに伝えていきたいですね。私が宗教を学ぶきっかけになった「他人の痛み」についても……。

ただ、そういうことができるようになるのは、まだ先のことになりそうです。いまは悠をしっかり育てたい。彼女がある程度の年齢になり、もう手を離しても大丈夫と思えるようになるまでは子育てに専念するつもりです。自分の子どももきちんと育てられないのに、他人の子育てや教育に口を出すことはできないと思っています。

ときどき、資金は出すので宗教学校をやりませんかとお声をかけていただくのですが、すべてお断りしています。もともと寺子屋のような形が理想ですから、自分ができる範囲で、と考えています。私が教えられる人数はたかが知れていますから。

大々的に学校を設立するよりも、「子どもたちにこういうことを伝えたい」という人が一人でも増えて、それぞれがいろいろな形で教えていってほしいと思います。場が増えればそれだけ、子どもが心豊かに育つことにつながるのですから。

第四章
生きるための知恵

夫との関係のつむぎ方

毎朝届けられたお浸し

「台所には私が入るから、セイ君は入らないでね」

結婚して二人で暮らし始めたとき、こう宣言しました。セイ君というのは主人のニックネームです。彼は料理だけでなく掃除・洗濯などの家事一切が苦もなくできる人ですし、私自身も「家事は女の仕事」などという古めかしい男女の役割分担意識を持っているわけではありません。ただ、私は料理が趣味なので「楽しみを取らないで」とお願いしただけなのです。

そうは言ったものの、妊娠中は医師に流産の危険があると言われてあまり動けないし、つわりもひどく、寝込んでしまう日もありました。そんなとき、主人がおかゆをつくってくれたんですね。

「熱いから、ちょっとずつ食べや」

そう言って部屋まで運んでくれた小さな土鍋の中のおかゆのおいしそうなこと。米が鍋底にくっつかないよう、丁寧にかき混ぜながらやわらかく炊き上げ、一五分ほど蒸らしたそうです。これに私の好きな蜂蜜入りの梅干と細切り昆布が添えられていました。

体調が悪くて食欲はなかったのですが、お腹の中の子どものためと思って口に運ぶと、ふっくらと甘みがあっておいしい。

「人につくってもらうとほんまにおいしいわあ」

笑顔で平らげていました。

彼が台所に立ってくれたのは妊娠中だけではありません。出産後の入院中もそうでした。大量出血して貧血を起こしていたため、医師からほうれん草やレバー、チーズなど鉄分の多い食品を摂るようにと言われていました。最初は出来合いのお浸しを買ってきてくれたのですが、高熱が続いて噛む力が弱くなっていて、少し固く感じられました。

「もっとやわらかいほうがええなあ」

なんの気なしにつぶやいたところ、翌朝には、湯がきたてのほうれん草を持ってきてくれたのです。お弁当用の小さなおしょうゆまで添えられていました。湯がきかげんもちょうどよく、甘くておいしかった。

当時、彼は早朝の淀川べりを散歩するのが日課だったのですが、それをやめ、毎朝、ほうれん草のお浸しや小松菜の煮浸しをつくって病院まで届けてくれました。しばらく私のベッドの傍にいて、その後、事務所へと出勤していくのですが、その手には私のパジャマや下着などの洗濯物が入った紙袋が……。洗濯物を持ち帰って一日おきに洗い、ピシッとしわを伸ばして干し、畳んでまた持ってきてくれるのでした。

「ほな、仕事に行ってくるわ」

そう言いおいて病室を出ていく後ろ姿を見たら、なんだか哀愁が漂っている。本人には言えませんでしたが、髪の毛がだんだん薄くなっていくようでした。

苦手なチーズを懸命に食べた日々

でも、それは無理もないことでした。生まれた娘はダウン症で、妻の私も原因不明の病気。二人とも入院するなか、彼ひとりが元気をふりしぼり、がんばっていたのですから。朝晩、病院に顔を出してくれるたびに、申し訳ない気持ちと、うれしいという思いでいっぱいでした。

私は食べ物の好き嫌いはないけれど、温めないプロセスチーズだけは進んで食べようと思ったことはありませんでした。けれどそのときは、主人と娘の悠のために少しでも早く回復したいと思って、鉄分を多く含むという、そのチーズを懸命に食べました。治りたい一心からでした。

しばらくして壊疽性膿皮症という病名がわかり、ステロイド剤などの治療が功を奏して一ヵ月後には私だけ退院できました。医師は、免疫力が低下しているので感染症の危険性が高いと言い、退院に乗り気ではなく、それを押し切るかたちでした。

外出時はマスクが外せず、家でも四六時中、消毒液による手洗いとうがいをしていました。おかげで両手は荒れてボロボロ。体もしんどくて、身の置きどころがないと感じることも少なくありませんでした。

そんな状態でしたから、家に帰っても動き回れません。それに、少しでも長く悠のところにいてやりたい。朝のうちに洗濯と掃除をすませると、すぐ病院へ行っていました。それぐらいなら入院していたほうがよかったと思われるでしょうが、私は自宅から悠のところに通ってやりたかった。悠のためだけでなく、そのほうが私自身の体の回復も早いような気がしていました。

その間は、朝食以外はほとんど外食。午後八時の面会時間が終わると、仕事を終えて病院に来てくれた主人と一緒に病院を出て、帰り道に晩ご飯を食べに行きました。悠が退院するまでの五ヵ月間はそんな生活が続いたのです。

二人三脚でオリジナル料理を開発

悠の病状が落ち着いてからは、おかげさまで結婚当初の宣言が実行できるようになりました。

私はおいしいものを食べて、その味を自分流にアレンジしたり、本などに出ている料理に一工夫したりして、「川下風〇〇」と言えるようなレシピをいろいろ試すのが好き。お客様にもお出ししたいと思って、その数を増やしているところです。

主人が家にいるときは、試食係に任命し、私がつくるレシピの厳しい批評をしてもらっています。好評だったのは、アクア・パッツァと新鮮な無農薬野菜をたっぷり使った料理。鶏手羽をオリーブ・オイルで焼いて、玉葱、じゃが芋、人参、セロリ、キノコ類などを加え、クレージー・ソルト（ハーブの入った塩）とローズマリーで蒸し焼きにします。なんの変哲もないと思われるでしょうが、とうもろこしを入れているのがわが家流。甘みが出て、結構いけますよ。

彼のアドバイスを生かして完成させたわが家の味も少なくありません。黒豆パンもその一つです。天然酵母パンの教室に通っていたころは、毎朝のパンを手づくりしていました。ホームベーカリーを活用すると、発酵までの手間は意外にかからないのです。

最初は黒豆を水で戻すところからやっていましたが、時間がかかる割にはしっくりこないんですね。

「市販の黒豆の煮たのを使うたらどうや」

主人の一言で、ちょっとお値段が高めの煮豆を張り込みまして、汁気をペーパータオルで拭き取ってからパンだねの中に入れ、焼いてみました。そうしたら、かすかに豆の香りが残るおいしいパンに仕上がった。いまではこの黒豆パンは、わが家の定番になっています。

こんなふうに「私つくる人」を楽しんでいますが、私の体調がすぐれない日には、彼が私のおかゆや彼自身の食事——パスタやサラダ——をつくってくれています。こういう話を主婦の方にすると、

「うちでは考えられない」

とうらやましがられます。でも、彼は「やって当たり前」という感覚のようです。お母さんが病気がちだったので、彼もお兄さんも、子どものころから台所に立っていたらしいのです。大学時代は一人暮らしで自炊をしていましたしね。

ご飯の支度ができないため、奥さんが亡くなられた後、苦労される男性が多いと聞きますが、万一、私の身になにかあったとしても、主人がうろたえることはないはず。男も女も、自分の食事の支度や身の回りのことは自分でできたほうが、いざというとき楽ですね。そのためにも親は子育ての際、子どもの世話を焼きすぎないほうがいいかもしれません。

足を向けて寝られません

彼は料理以外にもいろいろ手伝ってくれます。悠はまだ十分な離乳食がとれないうえ、一

回の授乳量が少ないので、いまも三時間ごとにミルクを飲んでいます。これは夜中も変わりませんが、私は深夜零時の授乳後に就寝しています。午前二時と四時の二回は彼が飲ませてくれるからです。寝室に布団を敷いて悠を真ん中にして「川の字」になって寝ているので、悠の泣き声で目が覚めますが、

「寝てたらええから」

と台所に立ってミルクをつくってくれるのです。出産後二年ほど、私はステロイド剤を飲み続けていたため、ものすごく体が冷えたんです。冬場は、常に使い捨てカイロを三つ、夜は両肩に二つ追加して貼っていました。それを知っていたので、「夜中に起きだして体を冷やすことはない」と。

彼の仕事がどれだけ神経を使うものか、同じ弁護士だった私がいちばんよく知っています。少しでも眠っておきたい日もあるはずなのに、悠が哺乳瓶でミルクを飲むようになってから、一日も欠かさず夜中の授乳をしてくれる。たまには私が代わると言ったこともあるのですが、

「ええから、ええから」

笑顔で言ってくれます。

どうしてそこまでしてくれるのかと申し訳ない気持ちでいっぱいです。でも彼は彼で、私に重荷を押し付けているると思っているようです。

一つは、私が悠につきっきりで過ごしている様子を休日に見て、昼間の子育てがどれだけ大変かがわかっているからでしょう。一歳五ヵ月を過ぎたあたりからは、お姉ちゃんになってもらおうと考えて、泣いても少し放っておくようになりました。けれども、それまでは泣けばすぐに抱っこ。一時間でも二時間でも抱きっぱなしということがよくありました。

また、常に悠に話しかけ、本を読み……と、刺激を与え続けるようにしているのですが、彼は「俺にはできない」と。子育ての大変さがわかっているから、せめて自分がいる間だけは代わってやろうと思ってくれているようです。

もう一つ、彼は私から仕事を取り上げたと感じているのかもしれません。私は自分で望んで、悠と過ごすことを選びました。子育ては楽しいし、料理も好きだから専業主婦を楽しんでいます。けれど主人にしてみれば、同業だけに仕事のやりがいや充足感がわかりすぎるほどわかっている。それだけに、私を育児に縛りつけて申し訳ないという意識が強いのでしょう。自分は仕事で外に出て気晴らしもできるが、私はそれすらもできない、と。

「私は自分で子育てする道を選んだんやから、気にせんといて」

そう言っているのですが、変わらず私を労ってくれます。

病気になっておかゆをつくってもらったりすると、やさしさが身にしみて「足を向けて寝られんなあ」と思います。思いやりの深い、いい主人だと感謝もしています。

けれど、人間というのは勝手なもので、のどもと過ぎればなんとやら。元気になったらありがたみも半減。大きな声で、

「セイ君、しっかり働いてや。悠のためにも、八〇歳になっても九〇歳になっても働かなあかんで」

なんてハッパをかける毎日。

ゴミも、初めは自分で捨てるつもりだったのが、最初の朝、なにも言わずに持って出てくれたのをいいことに、以来、ずっとお任せ。

「私、お箸以上に重いものを持ったことないのよ」って。

今日も彼は笑いながら、「ハイハイ」と言って、ゴミステーションまで運んでくれています。

二人で紅茶を楽しむくつろぎタイム

家事と育児に追われて〝煮詰まる〟という子育て中のお母さんの声を聞きます。私も、悠がまとわりついてきて予定していた用事をこなせないことがありますが、「できない」と思うとしんどくなりますので、「じゃあ、どうしようか」と解決策を考えるようにしています。それでもできなければ、「今日できなくてもいいや」と開き直る。あとは、自分のストレス解消法を見つけることですね。

私の場合は、悠が寝つく夜八時過ぎから主人と二人の時間を楽しんでいます。

「今日はチェリーにするか」

悠の寝息が聞こえ始めると、主人がそう言いながら台所に。二人とも紅茶党なので、日替わりで、違ったフレーバーティーを淹れてくれるのです。ポットやカップを温めて本格的に淹れてくれるので、おいしいんですよ。

BGMは彼の好きなクラシック音楽。オペラや、バイオリニストの五嶋龍くんのCDをよく聴きます。その日あったことを語り合うのですが、やはり悠の話題が中心ですね。

子どもはみんなそうですが、たとえば、朝できなかったつかまり立ちが昼にはできるようになるということが少なくありません。そういう話を彼にして一緒に喜び合います。いいことばかりではなく、しんどそうでミルクもあまり飲めなかったというようなことも話します。そうすると、そのときの状態だけでなく、子どもがどんなにがんばっているかもわかってもらえる。情報を共有しておけば、いざというときもあたふたせずにすみますしね。報道されている事件や裁判の論点を話題にすることもあります。

おいしい紅茶をいただきながらの二人の時間は、私にとってなくてはならない一日の締めくくりです。

夫の親族とどう付き合う

義姉に助けられて

　私自身は気のきかない人間なのですが、義兄夫婦がものすごくいい人で、いつも助けてもらっています。優等生的発言に聞こえるかもしれませんが、ほんとうにそうなんですよ。

兄嫁――私は「お姉さん」と呼んでいます――とは、結婚前に主人の実家でお目にかかったのが最初でした。

「よく来てくれはったね」

　そんなふうに温かく迎えてくれて、以前からの知り合いのように、すぐうちとけることができました。

しました。

「みっちゃんと呼んでいい？」

気さくにそう言われ、私はその日から「みっちゃん」。メール・アドレスもその場で交換しました。

二〇〇九年初めに亡くなった義父が心臓病で入院し、義母が一人で自宅住まいだった時期のこと。義兄夫婦は関東に住んでいるので、本来なら近くにいる私たち夫婦が走り回らなくてはいけなかったのですが、当時は私も仕事を持っていたので、あまり義母のところへ行ってあげられませんでした。そうしたら義姉が言ってくれたのです。

「みっちゃん、できへんことまで無理せんでもええよ」

この一言で、私の気持ちはずいぶん軽くなりました。

言葉だけではありません。実際に仕事のやりくりをして、動いてくれました。義母が心臓発作で倒れたときもそう。二回入院したのですが、二回とも義姉が付き添ってくれました。

遠くに住んでいるのに、まかせっきりで申し訳なかったのですが、そのころ私は妊娠がわかり、流産・早産の危険性を指摘されたため、動けなくなってしまっていたのです。

「みっちゃん、あなたがいま一番せなあかんことは、からだを大切にすることやよ」

義姉にこう言ってもらって、ものすごくうれしかったですね。

義父母へ毎朝の携帯メール

一方的に義兄夫婦を頼る状態は続いています。義父の生前も、顔を出さなくてはいけないと思いながらも育児に追われて、一、二ヵ月に一度、家族で訪れるのがやっと。悠の体の具合によっては、それすら果たせないこともありました。そういうわが家の状況を察した義兄が、

「清のところは、悠ちゃんの世話で忙しいんやから、無理を言うたらあかんで」

「悠ちゃんに手がかかるんやから、不用意に電話するなよ」

などと、義母に話してくれていたようなのです。そのぶん、義姉が電話をかけるなど、いろいろフォローもしてくれていました。

義母はもちろん、亡くなった義父にも寂しい思いをさせました。悠にもしょっちゅう会いたかったはずですが、がまんしてもらって……。

その代わりというわけでもないのですが、悠が生まれてからずっと、毎朝、主人が写真を

撮って携帯メールで送っています。タイトルは「朝撮りハルちゃん」。かなりの枚数を撮っていますが、「ハルちゃんの悩殺ポーズ」や、「表情がお姉ちゃんになったと言われる私です」など、一枚一枚にコメントをつけて送っています。生前の義父は毎朝のこの携帯メールを心待ちにしてくれていたようです。

ときどき、「悠ちゃん、かわいい」というような、簡単な返信メールが届きます。携帯電話をプレゼントしてくれたのは義姉ですが、義母が携帯電話を操作できるかどうかはわかりません。もしかしたら職員の方にお願いしてメールを打ってもらっているのかもしれないけれど、そこは深く追及せずに……。

最初からすべてをさらけ出した

世間的に見ると、私はほんとうにできの悪い嫁だと思います。普通のお嫁さんのようには神経が回らない。「おかあさま」なんて、こそばゆくて言えません。義母も最初のうちは、私をどう扱っていいか、わからなかったでしょうね。

二人で主人の実家に泊まったときのことです。ごろりと横になっていた彼がいつの間にか眠ってしまった。そうしたら義母が、痛む足をひきずりながら、押し入れから毛布を出してかけていました。はたから見たら五〇歳をすぎたおじさんでも、母親にとってはいくつになってもかわいい息子なんですね。

その姿を見ながら、主人はこのお母さんに育てられてきたんだなあと温かいものを感じました。彼がこのお母さんの子どもでよかった、この母と子の姿をみることができてうれしいと思いました。

普通なら、「おかあさまにそんなことをしていただくわけにはいきません」と言いながら、あわてて自分で毛布をかけるべきなんでしょうね。でも私は、そんなこと言いませんよ。「すみません。私にも一枚ください」

って。どうしようもない嫁です。それでも、ちゃーんと私にもかけてくれましたよ。やさしいお姑さんです。

もしも私が二〇代なら、舅姑に気に入られるよう、嫁としてがんばろうと考えたでしょう。努力することは決して嫌いなほうじゃないですから、嫁の一等賞を目指していたかもしれません。でも、四〇歳になってからの結婚ですからね。無理はしません。

無理というのは、重ねるうちにしんどくなることがあるんです。そうして心も体もしんどくなると、ときには相手のことがものすごく嫌いになってしまう。憎しみを抱えるところまでいってしまうことすらある。お姑さんはもともと他人ですからね、そりゃ、合わない場合もあるでしょう。でも、そういうものだとわかっていれば、無理して合わせようと思わなくてすみます。

無理をしないということは、言葉をかえると、〝ええ格好〟をせずに、最初からすべてさらけ出してしまうということです。

最初に張り切ってええ格好をしてしまうと、そうそう頑張ってばかりもいられなくなって、ボロ（ほんとうはこっちが〝真実の姿〟なんですけどね）を出してしまうことになりがち。だから、お舅さん、お姑さん、義理のきょうだい、親戚の人たち……みなさんに〝素〟の自分を見ていただくようにしておけば、メッキが剝がれる心配はありません。

悩んだときは誰かに相談を

仕事のとき、私は化粧をしてメガネをかけ、スーツをビシッと着ますが、ふだんは化粧もしません。服装もジーンズにシャツやセーターというラフな格好です。

結婚後、義父のきょうだいが集まってくれたことがありました。私たちは結婚式も披露宴もしなかったので、親戚の人たちとは初めての顔合わせでした。よそいきの服でキメたほうがよかったのかもしれませんが、私は料理係だったこともあり、すっぴんで普段着のまま。髪の毛も洗いっぱなしでピンピンはねているような状態で、主人の実家に顔を出しました。

みなさんにご挨拶をしてから台所で動き回っていたら、義母が後ろに立ちました。なにかなと思っていたら、私の髪を手櫛でとかし、にこにこ笑いながら、

「みっちゃん、台所はもうええから、あんたも座りなさい」

やさしく言葉をかけてくれたのです。うれしかったですね。

さらけ出しているのは外見だけではありません。内面も〝素〟を出しっぱなしです。そのおかげで結婚以来、主人の実家でも、親戚の人たちの前に立っても、神経を使わずにいられます。

とはいえ、ストレートにこちらの思いを伝えられないこともあります。とくに義父母の場合は年齢も年齢ですから、はっきりとは言えないことも出てきました。そういうときは一人

で悩まず、だれかに話を聞いてもらうのがいいと思いますよ。私の場合は義姉が相談相手ですね。

まだ私が仕事をしていたころのことです。事務所で仕事をしていると、当時、一人暮らしをしていた義母からよく電話がかかってきました。なにか用があってのことならいいのですが、いつも世間話程度。

アポイントが次々に入っている状況ですから「切りますよ」と言うしかなかったのですが、毎日のようにかかってくる。こちらも時間に追われていますから、焦っていらいらしてきます。それで義姉に事情を話して、ぐちりました。

「お義母さんが寂しいのはわかるんですけど、仕事をしているので……。どうなんでしょうねえ？」

「ほんと、ほんと。それ、どうなんでしょう？　やわ」

義姉はそう言って笑いました。話しているうちに、なんだか私も気持ちが軽くなって、一緒に笑っていました。彼女は川下家のムードメーカー。いつも明るくて、テキパキ動き回って、「頼りになる長男のお嫁さん」という感じです。そのときも、義母にやんわり話してくれて、事務所への電話攻勢はやみました。

「いい嫁」志向は捨てましょう

このように、結婚当初から遠慮せず、思ったことはなんでも口に出してきました。「こんなん言うたらあかんかな」と思って一度遠慮してしまうと、受けとめるほうはそれが当たり前になってしまいますからね。

〝いい人〟をし続けていた人が、もう耐えられないと積年の思いを口にしても、「どうして、いまになってそんなことを言うの?」「ネコをかぶっていたの?」となってしまうだけ。お付き合いが始まった時点から、なんでも口に出しておくほうがいいんです。もちろん、私の場合は相手がよくできた義姉だから、なんでも相談したり、ぐちったりできるのでしょう。

お正月など年に何度か、義父母を囲んで、義兄たちの家族と一緒に過ごしてきました。そういうとき、義姉を見ていると、だれにでも誠心誠意つくしています。それもまったく押しつけがましくはないんですよ。たとえば、義母が決められた時間に薬を飲み忘れていると、サッと薬と水を渡して、

「お薬の時間ですよ」

という具合。

私は気がきかないので、そんなことはできませんし、気づきもしません。それどころか「自分のことやから自分で飲めばいい、なんで自分の薬の時間を忘れるんや」と思ってしまうタイプです。

よく、お嫁さん同士で張り合っているというような話を耳にすることがありますが、張り合うなんてとんでもない！　幸いにも私は義姉と波長が合ったのですが、相性が合わない親族に困ることもあるでしょう。そういう人とは、無理に合わせようとしないことですね。もともと合わないのですから、仕方がありません。

世の中は「言わなくてもわかる人」「言えばわかる人」「言ってもわからない人」に三分類できます。最後の「言ってもわからない人」には、いくらあれこれ言ってもむだです、わかってもらえない。この人たちに合わせることはあきらめましょう。関係を断つわけにはいかないでしょうから、適度な距離をとりつつお付き合いすれば、腹が立つこともいら立つこともなくなります。

私には〝いい嫁〟〝いい妻〟だと思われたいという気持ちがありません。〝悪い嫁〟と言われたって平気。人からどうみられているかという〝他者評価〟から自分を解放すれば、これほど楽に生きられることはないのです。

それを教えてくれたのは、弁護士として出会った子どもたちです。私が事件を担当した子どもたちの多くは親や先生にとっての〝いい子〟でした。幼いころから、言いたいことややりたいことがあっても、無理をしていい子を演じ続けてきた。それで思春期になってから、積もり積もったものが一気に爆発して、事件にいたったのでした。

これは大人も同じです。無理をすれば、いつかはどこかで爆発します。その爆発が自分に向かうか、他人に向かうかはわからないけれど、いずれにせよ決してプラスにはなりません。

無理をしないということは、やりたい放題や傍若無人とは違います。そのことをしっかりとわきまえたうえで、いい嫁志向を捨ててみてください。気持ちが楽になりますよ。

「食」の大切さ

娘のために健康第一の生活へ

独身のころは、一言でいうと暴飲暴食。外食がほとんどで、好きなのはイタリアン、フレンチ、中華、鉄板焼き……脂っこくて体に悪そうなものも平気で、とにかく食べたいときに、食べたいものを、食べたいだけ食べていました。

ラーメンも大好きです。大阪市の助役時代は秘書と女二人で飲んだ後、「よーし、明日は体力勝負だから」と夜中にこってり系のラーメンを食べて帰ったことも。飲んだ後のラーメンがめちゃめちゃおいしいなんて、まるでオジサンです。あのころは、自分でも、「こりゃ、長生きできへんわ」と思っていました。

そんな生活が一変したのは、結婚して悠が生まれてからです。いま、私たち夫婦は二人合わせて九七歳、乳幼児の親としては高齢です。それで、悠のために、健康で少しでも長生きしなくては、と思うようになったのでした。

健康に目覚めたのは、出産後に壊疽性膿皮症にかかったこととも無縁ではありません。幸いにも、いまは症状は落ち着いていますが、以前の私なら「元気になったし」と元の暴飲暴食生活に戻っていたはずです。なにを隠そう〝喉元過ぎれば熱さを忘れる〟タイプなのです。でも、いまの私は違います。悠がいるから、自分だけの体ではない。悠を残して入院なんてできません。

では、どうやって健康を維持しようかと考えたとき、やはり食べものだ、ということになりました。毎日のことですから、少しでも安心できるものを口にしたい。けれど、なにが体によくてなにがよくないのか、わかっているようで、実はあまりわかっていませんでした。

野菜や果物なら、無農薬で化学肥料を使わない有機栽培のもの、加工食品なら添加物のないものが安全・安心だということぐらいは知っていました。でも、たとえばパンを膨らませるために使うイースト菌と天然酵母とでは、どこがどう違うのか、などといった、個別・具体的なことまでは知らなかったのです。

それで、本やインターネットで食品の安心・安全に関わる情報を集めました。すると、食べものについてあまりにも知らなかった、と改めて思い知らされました。

安全は、しんどくなりすぎない程度に

ラーメン好きの私ですが、中華麵のこしを強くするために日本では「かんすい」という添加物が多く使われていることや、それによって麵が黄色みを帯びること、無かんすいの中華麵が市販されていることなども初めて知りました。

こうした知識をもとに、食品を選ぶことから始めました。お米は、無農薬・有機栽培のものを農家と年間契約。野菜や果物もできるだけ無農薬・有機栽培のもの、加工食品や調味料も添加物のないものを使うようにしました。

けれども、〝安全・安心食品〟の生産には手間ひまがかかって生産量が限られます。原材料も厳選されているため、どうしても価格設定が高めになる。エンゲル係数を考えずにすむお金持ちは別ですが、家計のバランスを考えると、食費にだけ飛びぬけて多く支出することはできませんから、主婦にとっては頭の痛いところです。

一方で、お金を出せばなんでもそろうかというとそうでもなく、店頭に並ぶ種類は限定されます。ある料理をつくるためには、どうしても農薬を使った野菜を使わねばならないという場合も出てくるわけです。手に入る無農薬野菜だけを使って料理することもできますが、それだとメニューが決まりきってしまうことになり、単調さは否めません。食事は〝楽しみ〟でもあるわけですから。

それに「これしか使わない」と四角四面に考えてしまうのもどうかと思うのです。無農薬でなきゃだめ、と必死になりすぎるとしんどくなってしまいますし、料理が苦痛になりかねません。せっかく家族の健康のためを思って始めたことなのに、それによって精神的に不健康になってしまったら、泣くに泣けませんよね。私は、基本的には無農薬・有機栽培のものと無添加のものを使いますが、併せて昔ながらの〝毒消し〟調理法を活用しています。

野菜の下処理に一手間かけて

毒消しなんていうと大げさに聞こえますが、ようするにアク抜きです。農薬のかかった野菜を安心して食べる方法はないかしら？　そう考えたときに思い出したのが、祖母の調理法。

おばあちゃん子だったので、子どものころは一緒に台所に入って祖母のすることを見たり、手伝ったりしていたのです。

たとえばほうれん草。油いためにするときは、よく洗ってから四、五センチほどに切って、一〇分ほど水にさらしていました。そうすると水が薄いグリーンに染まるのですが、祖母は「アクが抜けた」と言っていました。お浸しの場合は、切らずに湯がいた後、水に取ってサッとさらし、水気をしぼっていました。

生で食べるキュウリも、塩を振った丸ごとのキュウリをまな板の上でころがし、水で洗っていました。板ずりですね。キュウリを塩でもむのも、味付けの意味合いもあるのでしょうが、一種の毒消しの知恵ではないでしょうか。

余談になりますが、中国野菜の農薬汚染問題がクローズアップされたとき、中国では野菜の残留農薬を除去する洗剤が売られているという報道がありました。成分までは報じられませんでしたが、もしも合成洗剤のようなものなら、逆に余計なものが野菜に付着することにならないかと気になりました。

幸いにも、日本には野菜を洗剤で洗うという習慣はありませんが、工夫次第で無農薬ではない生野菜も安心して食べられるように思います。祖母は、キャベツなどの葉もの野菜を生で食べる際には表皮に当たる部分だけではなく、中の葉も丁寧に水洗いして使っていました。少しくらいの農薬ならこれで流れてしまうと思います。

祖母から学んだ野菜の下処理法がわが家でどう生きているのか——たとえば、昨日の晩御飯のメニューは黒豚とカワハギの味噌仕立て鍋。シイタケ、シメジ、エノキダケなどのキノコ類のほか、白菜、ほうれん草、チンゲンサイ、小松菜、三度豆（サヤインゲン）と野菜もたっぷり用意しました。一度にたくさんの野菜を食べることができる鍋物は、わが家では季節を問わず食卓に登場するメニューです。

鍋物は材料を切っておけばいいだけだから簡単じゃない、手抜きしているのね、なんて言われそうですね。でも、野菜は下ゆで処理をしますから結構、手間がかかるんですよ。しかも、単に火を通すためではなく、毒消しのために下ゆでするわけですから、白菜、ほうれん草……と、野菜ごとにお湯を新しいものに換えなくてはなりません。ゆでる時間も、水にさらす時間も異なります。

次の野菜のためのお湯が沸くのを待つ間に、最初に下ゆでした野菜をしぼって切ったり盛り付けたり、カワハギの調理もこの間に済ませてしまいます。効率を考えているつもりですが、下ごしらえだけで一時間はかかります。

だしは、鍋物の場合は昆布を水に浸しておいて一煮立ち。味噌は国産大豆、米、天然塩、麹だけを使った無添加のものを選んでいます。野菜は下ゆでによって水分が出なくなるので、味付けが薄くならないのもいいですね。

中国製冷凍ギョーザ事件の教訓

ところで、だしといえば味噌汁をはじめ毎日の料理に欠かせないもの。みなさんはどんなだしを使っていますか。わが家では、味噌汁用には煮干し、うどんや煮物用にはかつお節と昆布を使っています。

ただ、煮干しはともかく、かつお節と昆布を使って一回ずつだしを取るのは面倒ですよね。私は製氷皿にだしを入れて凍らせてストックし、ある程度つくり置きしています。これは、少量のだしを使いたいときなどはほんとうに便利です。

コンソメなどの洋風だしは市販品を使うことが多いです。鶏がらなどをじっくり煮込んでスープを取りたいところですが、そこまでは手が回りません。いまは顆粒状のコンソメでも、添加物が入っていないものがありますから、そういうものを選びます。

カレールー、ビーフシチューやクリームシチューのルー、ドミグラスソースの缶詰なども、自然食材のお店に行けば、添加物を使っていないものが手に入ります。市販のルーやソースに慣れた舌には、多少味が薄く感じられるかもしれませんが、その場合は少し手を加えればいいでしょう。私は料理によって、スープやトマトピューレ、ケチャップ、牛乳、生クリーム、スパイス、塩などを足して、わが家の味に仕立てています。

二〇〇八年には、中国製の冷凍ギョーザからメタミドホスなどの毒物が検出される事件が起きました。事件以来、加工食品は買わずにできるだけ手作りするという方が増え、農薬汚染などへの関心も高まっています。「衣料品に中国製が多いことは知っていたけれど、食料品まであれほど中国製が多くなっていたとは思わなかった」という声もよく聞きました。

実は、アメリカやフランスの食料自給率が一〇〇%を大きく超えているのに対して、日本の〇七年度の食料自給率は、カロリーベースで四〇%、穀物自給率にいたっては二八%しかありません。もしもなにか事が起きて食料輸入が止まった場合、私たちはどう生き延びていけばいいのか……。事件の被害に遭われた方はほんとうにお気の毒ですが、私たち日本人に食の安全や食料自給率を真剣に考えるきっかけを与えてくれた貴重な体験でした。

そこから一歩進んで、暮らし方を考え直すきっかけにもなりました。冷凍食品は値段も安いし、いつでも手軽に使えて便利です。でも原材料の生産地や生産履歴をはじめ、顔の見えない部分が多い。安さや便利さを追い求めるばかりでなく、一手間をかけることの大切さを感じた方も少なくなかったはずです。

あるいは、〝地産地消〟という言葉に代表されるように、身近なところでとれる新鮮な野菜や果物、魚などを食べていこうと考え始めた方もいるでしょう。食料自給率が低い日本なのに、家庭でもレストランでも、食べものを捨て、粗末に扱っている。食べものを大切にしなくてはもったいないと、社会全体が、これまで以上に意識するようになったのではないでしょうか。

「おばあちゃんの知恵」の復活を

私もその一人です。そうして、あらためて祖母から学んだことを思い返しています。取り立てなにかを教えたり、仕込んでくれたりしたわけではありません。祖母についていって買い物の様子を見て、一緒に台所に立つうちに、身についたものばかりです。

八百屋さんでは、たとえばほうれん草なら、根っこの部分をしっかり見て、赤みを帯びているものを選んでいました。魚屋さんでは、身の部分を指でちょっと押して元に戻るかどうかを確かめていました。身に弾力がなくぺこりとへこんだままの魚は「古いからアカン」と買いません。とにかく、よく見る。これが極意でした。

新鮮さを求めて買い物は毎日していましたね。「もったいない」という言葉もよく口にしていました。キャベツの芯や大根の葉っぱも捨てず、味噌汁の実やごま和えなど、さまざまに変化させ食卓に並べていました。

私も、時間の許す限り毎日、買い物に行っています。主人は小松菜と油揚げの煮浸しが好きなのでよくつくりますが、新鮮な小松菜は舌の上でとろけるほどにやわらかい。逆に古いものは筋張って固く、とても食べられません。祖母がしていたように手にとって葉っぱや軸の色をよく見て、自分の目で選びます。初めのうちは失敗もありましたが、経験するうちに自分の判断基準ができて、間違うことはなくなりました。

判断基準といえば、最近は賞味期限を少しでも過ぎると、もう食べられないと捨てる方が多いようです。でも、あれは「おいしく食べられますよ」という期限で、「食べられない」ということではないのです。数字に頼るのではなく、自分の目や鼻、舌などを信じて判断を下すことが大切なのだと思います。

「料理は愛情」とよく言いますが、言い換えれば、手間ひまを惜しまないということ。お金をかけなくても、おいしくて安全な料理はつくれるのです。なにも特別なことではなく、祖母をはじめ昔の人たちはごく当たり前にやっていました。おばあちゃんの知恵を再認識し、暮らしに生かしていきましょう。

家族の住まいをつくる

生まれてくる子どものために

結婚当初は、まさか田舎暮らしをすることになるなんて思ってもみなかったんですよ。主人は大阪市内、私は阪神間で生まれ育って、二人とも結婚前は大阪市内のマンションに住んでいました。

どちらも3LDKで広さはほぼ同じだったのですが、主人のマンションは幹線道路沿い、私のほうは道路から一本はいったところに建っていました。それで、排気ガスや騒音を考慮して、結婚後は私のマンションで暮らし始めたんです。

といっても、新居に移るまでの仮住まいのつもりでした。結婚した二〇〇六年初めごろは、ちょうど大阪でも高層マンションが建ち始めていて、私たちもそうした物件を購入しようと話し合っていました。

「やっぱり高層マンションは夜景がええわな」

「それやったら最上階かなあ」

新聞広告や折り込みチラシを見ては、二人で新居への夢をふくらませていました。

ところが間もなく私の妊娠がわかり、高層マンションの購入計画はストップすることになります。新居に移り住む予定自体は変えないものの、子どもを中心に据えた家選びをしようということになりました。

当時は私も働き続けるつもりだったので、通勤の便などを考えると大阪市内のマンション暮らしがいい。でも、生まれてくる子どものことを考えると、自然な環境のなかで育てたい、庭のある一戸建てに住みたいと考えるようになりました。

最初は、私たちが籍を置く弁護士事務所のある大阪・淀屋橋に通勤しやすい奈良で土地を探しました。いわゆるベッドタウンとして宅地開発されたところです。周囲には山があり、街路樹も植えられていて、大阪に比べれば空気もきれいなのですが、整然とした街並みに、都会でも田舎でもない中途半端さを感じてしまいました。

一目ぼれした六件目の土地

もっと自然豊かなところのほうがいい、と方針転換したのは、悠が生まれてからです。都会で暮らしていると、家でも学校でもコンクリートに囲まれた生活ですし、勉強に追い立てられて塾通いをしている子どもたちの姿も目につきます。時間を忘れて遊びに没頭するなど、子どもらしい生活のなかで学ぶことがたくさんあるはずなのに、それができていない。いやでもいつかは大人になるのですから、成長する過程ではきちんと〝子ども〟として楽しませてあげることが大切だと思うのです。

悠はダウン症ですし、これから先もいろいろな障害が出てくる可能性があります。なおさら、自然のなかで人間らしい、子どもらしい時間を過ごさせてやりたいと考えました。

「空気のいいところで、子どもが思いきり遊べるところ」

それが、私たちの条件になりました。

知り合いの不動産屋さんに連絡すると、すぐに兵庫県内の物件をいくつかピックアップしてくれました。その不動産屋さんはUターンやIターンで田舎暮らしをしようとする人たちにさまざまな物件を紹介しているのですが、ここ数年で引き合いが急増しているとか。しかも定年退職者だけでなく、若い人たちも増えているそうです。

さっそく週末に、家族三人で土地の見学に出かけました。

「ここやったら、悠ものびのびと過ごせそうやわ」

思わずそう声を上げたのは、六件目に案内された物件でした。

小高い丘の上の住宅地の一画。そこからとろとろっと坂を下ったところに、かわいらしい小学校があるんですよ。ここなら毎朝、坂の上に立って、悠が歩いて通学する姿を見送ることができると、ものすごく気に入りました。近くには保育園もありますしね。

それに、敷地が池に面しています。池の対岸にはヒノキの山があるんですが、これがまた〝べっぴん〟の山で、惚れ惚れしてしまいました。もちろん、空気も澄んでいておいしい。主人も私もすっかり気に入ってしまい、その場で購入を決めたのでした。

スウェーデンハウスに決めた理由

家を建てるにあたっては、ショーナ・ヒュース社に建ててもらおうと決めていました。木材を中心とした自然循環型の資源を活用した、フルスペックの輸入スウェーデンハウスに住んでいる友人夫妻を訪ねてみて、そのよさを実感していたからです。

北欧の木の家というと、ログハウスを想像されるかもしれませんが、ああいう丸太の家ではないんですよ。外観は大屋根と壁、窓で構成された、ごくシンプルなものです。

この家の一番の利点は高気密、高断熱、そして換気のよさです。高気密だとカビが発生しやすいし、衣類や生活用品から出る化学物質を室内に閉じ込めてシックハウス症候群の原因になるのでは？　などと思われるかもしれません。でも、しっかりした換気システムを備えているので、その心配はないのです。

逆に、高気密・高断熱だからこそ、暑さ、寒さ、蒸し暑さなど、季節ごとに変化する〝不快〟に対応できます。家全体の空調を一括してコントロールするシステムになっているのですが、省エネ設計になっており、ランニングコストもさほどかかりません。しかも、木材を使った家でありながら、耐用年数は一〇〇年サイクル。地球環境や温暖化に対応した住宅と言えます。こうしたエコロジカルな建築思想が気に入って、この家に決めたのでした。

着工したのは〇八年初めでしたが、その年の冬は二〇年来の大雪だったこともあって、完成したのは五月末。その間、週末ごとに三人で進行状況を見に通ったんですよ。大阪からは車で片道一時間半ほどかかりますが、少しずつ〝わが家〟ができていくのがうれしくて、ドライブも苦になりませんでした。

それに、近くにどんなお店や施設があるかといった下見もできましたしね。たいていは朝、大阪を出て建築現場に向かい、ひとしきり見学したあと、近くのお店でお昼ご飯を食べて、有機野菜を買って帰るというコースでした。田舎ですので、高級な食料品店があるわけではないのですが、新鮮な有機野菜が都会の三分の一ほどの値段で手に入りますし、地元産のおいしい牛肉を売っているお店もあるんですよ。

風を楽しむキッチンと星空が見えるお風呂

新しい住まいについて少し紹介しましょう。建坪五〇坪の二階建てですが、部屋の数は多くせず、各室の広さを確保するようにしました。一階は中央に玄関と吹き抜けの階段、その右側にダイニング・キッチン、左側にリビング、あとは洗面所とトイレがあります。

料理が趣味の私ですから、キッチンにはいろんな思いを盛り込みました。独立型だった大阪のマンションとは異なり、今度はダイニングと一体になったオープン型です。キッチンが独立していると、ふいの来客の際にも中が見えなくていいですよね。けれども、つくった料理をダイニングに運ぶための動線が長くなるし、使い勝手があまりよくない。それで、流し台などのキッチンセットは一列にして、窓際にもってきました。

調理中でも悠の動きがよくわかるように、対面式のアイランド型にすることも考えたのですが、窓から入ってくる自然光や風を楽しみながら料理がしたくて、これは断念しました。背中を向けていても振り返れば見えるわけですし、悠もすぐに大きくなりますから。一緒に台所に立てるようになるまで、それほど時間はかからないでしょう。

「ああ、はるちゃん、いいお天気ねえ。気持ちいいねえ」

そんな声をかけながら、並んで料理を作ったり、洗い物をしたりするのが、いまから楽しみです。

二階は主寝室と悠の部屋、お客様用の部屋、それからお風呂があります。二階にお風呂をもってきたのは、入浴しながら池を眺めようという趣向。星空もよく見えますし、自然豊かな土地に住む醍醐味を満喫できると、とても気に入っています。

間取りなどは設計士さんにお任せしましたが、唯一条件をつけたのが、本棚をできるだけたくさんつくってほしいということです。主人も私も結婚するとき、お互いの荷物を半分に減らそうということで合意。極力荷物を少なくしたのですが、本だけは増える一方です。これからますます増えるのは間違いありません。それで、一階のリビングはもちろん、二階にもたくさんの本棚をつくっていただきました。

二階の南側の窓際には、足を伸ばして座れる座椅子を並べてあります。主人と私が読書のスペースとして使うほか、悠がお絵かきする場所としても活躍しています。この窓の向こうには田んぼと山しかありません。晴れた日には雲がゆっくり流れていくのが見えるので、三人でのんびり雲を眺めることも……。

ゆっくり流れる時間のなかで

主人は毎朝片道二時間以上かけて電車で通勤しています。仕事で遅くなったときは帰れませんので、大阪のマンションで寝泊まりしてもらっています。申し訳ないのですが、「かわいい娘のためなら仕方がないなあ」と言ってくれています。

その悠は、お散歩が楽しくて仕方がないようです。大阪でも毎日、何度もせがまれて淀川べりなどに行っていましたが、ここは家を一歩出たらいたるところ〝お散歩好適地〟。木々を渡る風の音、鳥の声、池の水面を乱舞する光、手にとまる虫や蝶、裸足で踏みしめる柔らかな草、暖かい陽光、土——目に入るもの、耳に入るもの、鼻や肌、舌で感じるすべてが、彼女に語りかけてくれているようです。

おいしい空気を胸一杯に吸い込むたびに、「ああ、来てよかったなあ」と感じます。日々の生活のなかで、こんなにも空気に透明感を感じるのは、初めての経験です。

最初にこの土地を訪れたとき、私が一目で気に入った山は、暮らし始めてますます〝べっぴん度〟を増しています。この山がそこにあるだけで、幸せな気分になりますね。

「田舎に引っ込んでしまうとお買い物が不便でしょう?」とよく言われます。でも、インターネットの時代です。全国各地のおいしいものだって、お取り寄せが可能。逆に、この地ならではの有機野菜など、新鮮な食材が安く手に入ります。

もちろん、手放しで「田舎暮らしバンザイ!」というわけではありません。濃密なご近所付き合いや共同体の行事に参加しなくてはいけないのがおっくうだという方もいらっしゃるでしょう。その点は私も同感です。地域によっては人間関係が煩わしくて、田舎から都会に戻ってしまう例があることも耳にしています。いまも葬祭を隣近所で担うところもあるでしょう。でも、どこでもがそうだというわけではないのです。

私たちの住んでいるところは丘を開発してつくられた住宅地で、全部で一〇軒。みなさん、よそから移り住んでこられた方です。

「ここは気楽ですよ」

家の工事を始める前に、一軒一軒、家族でご挨拶にうかがったところ、みなさんがそうおっしゃいました。煩わしい人間関係を背負うことになるという田舎暮らしの負のイメージは、過去のものになりつつあるのかもしれません。

ここには悠と似た年ごろのお子さんが五人ほどいらっしゃいます。子どもたちが一緒に遊んで仲良くなっていってくれるのはもちろん、子どもを通して親同士のお付き合いもこれからますます広がっていくことでしょう。私たちは新参者ですから、お店情報やこの地での暮らし方のコツなどを教えていただき、日々馴染んでいっています。

ここは、悠にとってふるさとになるところですから、親の私たちもこの地に根を生やして、ご近所のみなさん方と楽しくやっていきたい。私も、ちょっとした法律の相談などにはいつでも気軽に、ボランティアで応じたいと思っています。

いまの私たちにとって一番の幸せは、家族そろっておいしい空気を吸って、ゆったりと流れる時間をともに過ごすことです。これさえあれば、あとはもうなにもいりません。

大平流「受験」必勝法

イメージトレーニングから始めよう

あの学校に合格したい、あの資格を取りたい――だれもがそう考えて受験を決めたことでしょう。けれども、その思いはどれくらい強いでしょうか？　合格するためには、受験する本人の「なにがなんでもあの学校に入りたい」「あの資格を取りたい」という強い思いが不可欠です。

そのうえで、合格に向けてのイメージトレーニングを積み重ねていくのです。私の場合はこんなふうでした。

旧司法試験の二次試験は、五月に択一試験があり、合格すると七月の論文試験、さらに合格すると十月の口述試験へと進みます。私は大学三回生で受験しましたが、二回生の夏には論文試験会場になっていた京都大学へ下見に行きました。時計台のある建物の階段教室だったと思いますが、中も見せていただいたんですね。そのとき、「来年の夏には、絶対にここに来る。ここで論文試験を受けるんだ」と固く自分に誓いました。

それからは、択一試験に受かって京大のその教室で論文試験を受けている自分の姿を脳内に焼き付け、折に触れて繰り返し思い出しては、イメージトレーニング。スポーツ選手がこれをやって効果を上げていることはよく知られていますよね。弱気になっているときなどでもこのトレーニングをすると、やる気がよみがえってくるものなのです。

択一に合格してからは、〝司法修習〟を受けている自分の姿を脳に焼き付け、それを繰り返し思い出すというトレーニングをしながら、論文試験の勉強を続けました。つまり、どんな試験であれ、イメージトレーニングを成功させるためには、その試験の一段階先にあるものをイメージすることが大切なのです。

高校入試や大学入試なら、あこがれのその学校に合格してクラブ活動やサークル活動をしている自分の姿などをイメージすればいいでしょう。そのためには、オープンキャンパスに参加するなどして事前に学校を見学しておくこと。試験会場の下見にもなりますし、自宅から試験会場までの交通機関と所要時間の確認もできるので、一石二鳥です。

まずは全体の流れをつかむ

受験勉強では、極力〝無駄〟を排除して、時間を有効に使うことが大切になります。ところが、それをわかっていながら無駄なことをしがちになるんですね。というのも入学試験であれ、資格試験であれ、受験生はだれしも「自分ははたして合格できるだろうか」と不安や焦りを感じるもの。その気持ちを抑えようと、無駄なことにあれこれ手を出してしまうというわけです。

やたらとテキスト（基本書）や参考書を買いこんでしまうこともその一つ。友人が使っているのを見て、よさそうに思えたから使ってみたけど、しっくりこない。それではと周囲の評判を聞いて別のテキストを使ってみたけれど、やはりこれもだめ。結局、次々に買ってはみたけれど、どれも使いこなせないまま、中途半端に終わることになりがちです。

私の場合は、一科目についてテキストを一冊決め、それより詳しく書かれた参考書を一冊買っただけ。二冊を繰り返し勉強しました。中学生や高校生なら、学校の教科書と参考書一冊をしっかり勉強すれば十分だと思います。

勉強する際に気をつけたいのは、初めから細部に入っていかないということです。テキストを最初に手にしたとき、一ページ目から順を追って知識を詰め込んでいく人がいますが、かえって非効率。私はどんな科目でも、意味がわからない部分があったとしても、まずは全体を読み通して流れと関係をつかむようにしました。この科目はこういうことを学べばいいのだという概観を頭に入れたうえで、細部を勉強していくと理解が早まります。

同時に、テキストや教科書に書かれたことを百パーセントマスターしなくてはいけないと、完全・完璧を求めすぎないことも大切です。それも無駄の一つ。たとえば、東大や京大の入試では何割取れば合格ラインに達しますか？　センター試験の結果にもよりますが、八割も九割も取る必要はまったくない。司法試験だって、年によって多少の変動はあるかもしれませんが、六割正解すれば合格でしょう。どんな試験にだって合格ラインがありますから、最終的にはそれより一割増し程度の点数が取れるようにすればいいわけです。

それを百パーセントマスターしなくてはいけないと思うから、勉強する範囲が広くなるし、深く掘り下げて理解する必要も出てくる。その結果、どっちつかずになってしまって、結局、合格ラインに達することができない、ということにもなりかねません。私は、常に七割ぐらいわかればいいと思っていました。

勇気はいりますが、どうしてもわからないところは最初から捨てることです。そこが出題されたらどうしようと思うから捨てられないのですが、そういう難問や奇問、レアな問題は、ほかの人たちもできません。そのかわり、みんなができるところは自分も確実に解けるようにしておく。そう割り切ればいいのです。

「直前ノート」の効用

受験勉強は試験日程を知るところから始まります。与えられた日数がわかれば、七割をマスターするために試験本番までにやっておくべきことが逆算できます。この時期までにはテキストを何回通すとか、この日は模擬試験を受けるとか決めて、本番までの段取りをするわけです。

日々の料理でも、メニューを決めて、何時に買い物に行って、お米は何時に洗って、タイマーは何時にセットして、材料は何時から切り始めてと、全部段取りをしますよね。すべて同じです。必要な作業を効率的にこなせるかどうかは、何事も段取りしだい。

私の場合は、試験の三〇日ぐらい前から、試験直前に目を通すことができる分量を考えつつ、「直前ノート」を作り始めました。それぞれの科目の大切な点、エッセンスをノートにまとめて、直前に見て思い返せるようにするわけです。記憶を喚起するための〝手がかり〟作りですね。

よく「記憶力が悪い」と嘆く受験生がいますが、人間の脳は記憶したことを忘れるようにできているそうです。私も、日々勉強したことを残念ながら忘れていきました。でも、落ち込むことはありませんでした。誰であっても、努力して理解し、定着させたはずの知識ですら、徐々に忘れていくものだということがわかっていたからです。

記憶は短期間しか持続しないことに気付いたのは、司法書士試験に備えて勉強していたときでした。その一年ほど前、私は宅地建物取引主任者の試験に合格していました。司法書士試験では宅建の知識も問われるのですが、二度目の司法書士試験の勉強中にその内容を確認すると、忘れていたのです。

「アレレ、まずいなあ」

そう思って自分の勉強方法を振り返ったとき、宅建は短期決戦で合格したことに思い当たりました。予備校の直前クラスに二ヵ月間通っただけだったのです。受験勉強の期間が長くなる場合は、忘れかけた知識を呼び戻すための工夫が必要だと実感しました。それで、二度目の司法書士試験は「直前ノート」を作って対処し、合格したのです。

このノートは、記憶の喚起という効用のほかに、受験生の気持ちを楽にしてくれるというメリットもあります。「忘れても大丈夫。直前にこのノートを見て思い出せばいいのだから」と、思えるからです。

そして、このときの経験から、日々の勉強というのは記憶することではなく、〝大切なもの〟がなにかをつかみ取り、それを理解する作業だと気付いたのです。その科目の必須事項や本質といったことは、テキストを勉強する以外にも、過去問を繰り返しやるうちに見えてきます。出題者はこの部分を聞きたいのだなということがわかってくるんです。

気力・体力の勝負に備えて

ただ、知識がいくら身についていたとしても、それだけでは合格切符は手にできません。

受験本番を勝ち抜くには、気力と体力も必要です。多少の差はあってもだれでも緊張しますし、運悪く風邪をひくなどして体調がすぐれないときもあります。また、場合によっては暑い、寒い、隣の人の咳がうるさいなど、試験会場の環境が整わないこともある。そういうなかにあっても、弱音を吐かずに実力を発揮しなければならないのです。

私が論文試験を受けたときもそうでした。七月でしたが、当時の京大は冷房設備がなくて、額から汗はぽたぽた落ちるし、水性ペンを握っている手も汗びっしょりで、答案用紙に書いた文字がにじむ。頭もボーッとなるほどでした。そうなると最後は気力と体力の勝負なんですね。そこまでたどり着いた受験生はどんぐりの背比べで、たいていは同じレベルの人。そのなかから抜け出さないといけないわけですから、気力で負けるわけにはいかない。

試験に落ちた後で、「隣の席の人が足を小刻みに揺すり続けていたのが気になって、試験に集中できなかった」などという声を聞くことがあります。けれど、同じ環境でも、受かっている人がいるわけです。私は普段から、自分の力のなさを試験会場の環境のせいにして言い訳したくないと思っていました。ですから、模擬試験で咳をしているような人の近くに座ったときは、ラッキーだと考えていましたよ。咳を気にせずに集中することを心がけておけば、本番で多少の騒音があったとしても気になりませんから。

試験日当日は手作りお弁当で！

受験生というのは、合格通知を手にするまでは不安なものです。その気持ちをしずめるために、私は「合格」と印刷されたシールを身近なところに貼って、それを見ては気持ちを奮い立たせていました。ポットなどの家電製品についている製品検査に合格したことを示す金色のシールをはがして使っていましたが、「合格」と書かれていたら何でもいい。紙に手書きしたっていいんです。これもイメージトレーニングの一種で、「合格するぞ」という強い気持ちへと誘う小道具です。

こう紹介すると、お子さんのために〝合格シール〟を集めたくなるお母さんがいるかもしれません。でも、普段の親子関係によっては「嫌味か?」などと受け取られて逆効果になることも。「大平さんってあほやねえ、こんなことしてたんやって」などと、親子でこのページを見ながら笑って話せる関係なら、お母さんが集めた合格シールでも使ってくれるかもしれませんね。

受験生の不安な気持ちを和らげるものとしては、お守りもあります。本人がいただいてくるか、あるいはご家族がいただいてきて持たせるかは、親子関係しだいと言えます。私は三八歳になるまでの一七年間、毎月一人で宝塚市にある清荒神さんにお参りしていましたので、司法試験を受けるときには、合格祈願をしてもらいました。

親御さんにとって、わが子が念願の学校に合格するかどうか、あるいは資格試験に合格するかどうかは、自分のこと以上に気がかりだと思います。けれども、受験のことばかり話題にしたり、合格を意識させすぎたりするとプレッシャーになってしまいますから、注意が必要です。

中高生でしたら、日々の食事に気を配ってあげることで応援されてはいかがでしょうか。私は、血流をよくするためにはナットウキナーゼがいいと聞いたので、納豆をよく食べました。同じような理由で菜っ葉の煮浸しなど野菜をたくさん食べ、野菜ジュースも飲みました。栄養のバランスを考えるのはもちろんですが、食事は楽しみでもありますので、工夫してあげてください。

試験当日の食事も大切です。頭が働き始めるのは食後二時間ほどたってからですから、試験開始時間から逆算して朝食時間を設定しました。お昼ごはんも、食中毒になったのでは悔やんでも悔やみきれませんから、梅干と海苔のおにぎりを自分で作って持参しました。用心深すぎると思われるかもしれませんが、人生を決める一大事ですから、それぐらいのことは当然です。お母さんたちも、余力があったらぜひ、お子さんにお弁当を作って持たせてあげてください。

受験されるみなさんの合格を心から祈念しています。自分を信じて、受験を乗り切ってください！

自然災害に備えよう

一四年前の記憶

阪神・淡路大震災の被災地は二〇〇九年一月十七日、一四回目の鎮魂の日を迎えました。あの朝、私は大阪市北区のマンション一一階の自室で眠っていました。下からドスーンと突き上げられるような大きな揺れで目が覚めたのですが、すでに停電していて、あたりは真っ暗。

長い揺れが収まるのを待って廊下に出ると、「なにごとやろ」と言いながら隣のおばちゃんも飛び出してきた。地震だろうとは思いましたが、それまで経験したことのない強い揺れで、おばちゃんと同じく「なにごとやろ」という気持ちでした。あとで大阪市内は震度4だったとわかるのですが。

両親は当時、大阪に隣接する兵庫県尼崎市在住だったため、どうしているかと気になり、電話を入れたところ、母が出ました。

「大丈夫?」

「お父さんも私も元気やで」

それだけ聞けば安心できます。私も無事だと伝えて電話を切りました。それからすぐに電話回線がパンク状態になって被災地への電話がつながらなくなりましたから、最初に両親の無事を確かめられたことは幸いでした。実家は食器が割れた程度の被害ですみましたが、後に尼崎市でも大勢の方が亡くなられ、家屋倒壊などの被害も大きかったと知りました。

母との話を終えて受話器を置く間もなく、養父から電話が入ります。

「大丈夫か」と聞かれて、「大丈夫」と答えると、電話はすぐにプチッと切れました。私と養父は、せっかちなところが似ているのかもしれませんね。

災害に備えていたわけではなかったのですが、電池式のラジオを持っていたので、隣のおばちゃんと一緒に聴きました。アナウンサーが落ち着いた声で刻々と状況を伝えてくれ、次第に未曾有の大地震で、神戸市が壊滅的被害を受けたことがわかって……。

「えらいことになったなあ」

「ほんまにえらいことになってるんやなあ」

口をついて出てくるのは、二人とも溜め息ばかりでした。

幸いにも、私たちのマンションは共用部分のエントランスに段差ができた程度で、各戸は被災を免れましたが、わが家では食器棚の扉が開いてしまったため、食器はすべて床に落ちて割れ、あたり一面に飛び散っていました。揺れの方向と食器棚の位置が平行でなかったら、食器棚ごと倒れていたことでしょう。

家族全員が二日間食べられる食料を

当時、私は大阪市内の司法試験予備校で少人数ゼミを受け持っていました。前年に旧司法試験に合格したばかりで、春から始まる司法修習を待つ間、短期間のボランティアをしていたのです。午後になってからだったと思いますが、予備校へ向かいました。神戸から通っている教え子が一人いて安否が気がかりだったのです。阪神間は電車が止まり、道路も寸断されていましたから当然、彼女は姿を見せられなかったのですが、やきもきしました。少し後になってから電話がつながって無事だとわかり、胸をなで下ろしたことを覚えています。

あの日まで、大阪や阪神間に住んでいて、自分たちのところで大地震が起こると思っていた人はほとんどいなかったでしょう。私もそうでした。新聞やテレビで近い将来、南海・東南海地震が起きる可能性があるという報道に接することがあっても、遠い紀伊半島沖のことであり、現実感を持てずにいました。ところが、直下型地震という形で、足元の地を割く揺れが生じてしまった。いつ、どこに住んでいようが大地震は起きるのだと、いやというほど思い知らされたのでした。

地震だけではありません。最近では集中豪雨、落雷、竜巻など、大規模な自然災害が頻発しています。〇八年は日本に上陸しませんでしたが、世界的に見ると台風（ハリケーン、サイクロン、タイフーン）も巨大化し、被害が大きくなっています。地球温暖化の影響が指摘されますが、いつどこで、こうした自然災害に襲われても不思議ではありません。ひとごとではない、自分が被災することもあるという思いを強くしていらっしゃる方も多いでしょう。

阪神・淡路大震災では、国や自治体の初期対応に批判が出ました。この経験を生かして自治体レベルでの災害への備えは充実してきています。大阪市の場合は、私が助役だったころ、すでに阿倍野区に危機管理室を設置。万一、本庁が潰れても、すべての機能が代替できるシステムになっていました。また、大阪市は消防の面でも発達していて、全国で唯一、民間人による消防団が組織されていません。つまり、それだけ公の消防組織が整っているということです。毛布や水、食料などの備蓄態勢にも信頼がおけました。

一般に、災害の際には国や自治体の救済（公助）に頼るだけでなく、隣近所の助け合い（共助）、自力での備え（自助）の三つの歯車がうまくかみ合うことが必要です。

最近は各自治体とも、「家族全員が二日間食べられる食料を家庭で備蓄してください」と広報しています。阪神・淡路大震災のときもそうでしたが、それ以後の災害でも、割合早い時期に支援の手が入る地域と、しばらく孤立してしまう地域が出てきています。状況によっては、自分の住んでいる地域が孤立しかねないわけですから、行政に頼らず、自分たちでできることは自分たちでする、〝自助努力〟は欠かせません。

川下家の備蓄事情

もちろん、わが家もそれを心がけています。結婚直後に、主人が台所の戸棚を開けて「えらい買いだめしてるんやなあ」と驚いたことがあるほどなんですよ。もともと私は〝備蓄大好き〟人間で、地震があった一四年前も、独身でしたが、米やパスタ、缶詰などをしっかり買いだめしていました。いまではさらに輪をかけて、リスのごとく、食料品などをせっせと買いだめしています。

これには祖母の影響があるかもしれません。小さなころから「天災は忘れたころにやってくる」という格言とともに、「最低限の食料を常に確保せんとアカン」と教えてくれていました。母の耳にもその言葉がこびりついていたようで、阪神・淡路大震災のとき、尼崎市の被災の様子がわかって実家に水や食料を運ぼうとしたのですが、母は「足りてるよ」と。米も水も乾物類も、当座をしのぐには十分なストックがあったようです。

最近のわが家の備蓄事情を披露しましょう。無理をせずに備蓄するには、普段使いのものを中心にそろえるのがコツです。私も食料品の主力は普段の料理に使う缶詰や乾麺類です。缶詰はシーチキン、オイルサーディン、鮭やホタテの水煮、アサリ、果物など。乾麺類はスパゲッティ、そば、うどん、そうめん、マカロニなど。お米や小麦粉もそうですが、いずれも日持ちしますので大量に買い込んでいますね。乾パンも用意していますが、これはあまりおいしいものではありませんので、量はそう多くありません。

そうそう、ちょっと疲れたときは甘いものがほしくなりますから、缶詰とレトルトのゆで小豆も欠かしません。これも日ごろ使っているもので、使用後はできるだけ早く補充するようにしています。

災害時には水道がストップすることも少なくありません。水は食料以上の命綱ですから、これを確保する手立てを考えておきたいものです。保存期間五年のミネラルウォーターが災害用として売られていますが、うちでは川や池の水を濾過《ろか》できるフィルターを用意しています。というのも、自宅の敷地に隣接して池があるため。いざとなったらこの池の水を濾過して飲むつもりです。

あとは、トイレの水が流れなくなるときのことを考えて、排泄物をジェルで固めるものを用意しています。懐中電灯とラジオも災害時の必需品です。しかし、電池を入れっぱなしにしておくと消耗してしまい、電池切れで使えなくなってしまうため、わが家では電池の両極にテープを留めてセットしています。主人のアイデアですが、こうすると通電しないので、自然消耗が軽減されるようです。

ガスや電気が使えなくなる可能性もありますが、そのときは、まきストーブやバーベキューコンロなどを季節に合わせて使おうと考えています。一リットルのお湯があればパスタをゆでられる、〝パスタクッカー〟も活躍しそうです。クッカーにパスタとお湯を入れて、ゆで時間よりも少し長くおくだけなんですよ。アルデンテを所望されると困ってしまいますが……。

非常時連絡網のシミュレーション

食料や水がいくらあっても、災害時に肝心の家族の所在がつかめないというのでは困ります。職場や学校などに通うために、日中は家族がばらばらになってしまうことが避けられません。わが家も、私は自宅にいることが多いのですが、悠は家の近くの保育園、主人は大阪まで通勤しています。もしも日中になにか事が起きたら、家族はどこで合流するか、どんな方法でそこまで行くかを打ち合わせ、シミュレーションしておくことも大事です。

私の住んでいる地域では、いざというときの避難場所は公民館になっています。悠の保育園と隣接していますし、自宅から歩いてすぐのところにあるので、私と悠が落ち合うことは簡単です。ところが、主人の場合は電車が止まってしまうと、お手上げです。とりあえず彼はいったん大阪のマンションに帰り、そこで私たちと連絡を取り合ったり、様子を見たりしようと話し合っています。電話は通話不能になることがあるので、災害伝言板を活用することになるでしょうね。

「いざとなったら、革靴をマンションに置いているスニーカーに履き替えて、山越えで家まで帰ってきてよ」なんて、彼には冗談を言っているのですが、道もわからないでしょうし、家にたどり着くまでに何日かかることか……。万一、家に帰れないとしてもマンションにも食料は備蓄していますので、しばらくは困らないはずです。

主人の親やきょうだいとは、ふだんからそうであるように、お義兄さん夫婦を中心に連絡することになります。しっかりした司令塔があることで、いざとなったときもあたふたせずにすむのはありがたいと思っています。

家族の絆を確かめる機会に

阪神・淡路大震災後に「仕事のことしか頭にないように見えていた夫が、震災直後は水や食料を運び、家族のことを気遣い、ほんとうに頼もしかった」という女性も多かったようです。それまで悪かった夫婦仲が、震災を機によくなったという声も聞きます。その一方で、被災時の夫の自分勝手な態度がゆるせなくて、夫への気持ちが冷え切ってしまったという妻もいました。平常時と違って、いざというときはその人の本質がむき出しになりやすいようです。

子どものころ、台風が来るたびに父のことを頼もしく思ったものでした。台風が近づいて予想以上に風が強くなったことがあったのですが、そのとき、びしょ濡れになりながら、父はガラス窓に板を打ち付けていました。その姿を見ながら私は「お父ちゃんの傍におったら、安心や」と思っていました。

事前に台風が来るとわかったときは、あらかじめ家族総出で窓に板を打ち付けていました。板を持っているように父が母に言い、父が釘を打っていく。私は父に釘などを手渡す役目を与えられて、三人で呼吸を合わせながらやりました。家族で団結して一つのことに取り組むことは「楽しいなあ」と、子ども心に感じていたように思います。

最近はマンション暮らしが多くなりましたし、一戸建ての窓もサッシに変わりましたから、板を打ち付ける必要もなくなりました。生活が便利になるにつれ、一家が結束する機会がなくなってしまった。そのため、家族の絆の確認ができにくくなっているのかもしれません。

災害時にパニックに陥ることなく、家族で心を合わせて動こうと思えば、家族間のコミュニケーションが大事になります。このさい、防災への備えを家族で話し合うことを手始めに、家の中の〝風通し〟の確認をしてはいかがでしょうか。

終章

生まれてきてよかった

ステロイド剤をやめて不快感消失！

雑誌に掲載された私の写真を見て、「少し痩せたのでは？」と友人から電話がありました。掲載された写真を見ると以前のふっくらした感じが消えている、田舎暮らしのせいではないかと心配してくださったようです。頰のあたりがすっきりしたのは確かですが、痩せたわけではありません。ステロイド剤の服用をやめたことで、〝ムーンフェイス〟と呼ばれる顔のむくみがなくなったからなんですね。

出産時の帝王切開が原因で壊疽性膿皮症にかかり、退院後も月に一回病院へ通い、ステロイド剤を服用し続けてきました。ムーンフェイス以外にもいろいろと副作用がある薬ですから、なるべく早くやめたいとは思っていました。でも、受診のたびに「薬やめられますか？」と医師に尋ねても、「わからんなあ。一生飲み続けなければならない人もいるし、またまやめられる人もいる」と。

それが、一年前、二〇〇八年七月の受診後から飲まなくてよくなったのです。その前月、「毎日の薬はストップしましょう。ただし、怪我をしたときは壊疽にならないか観察し、兆候が出たらすぐ服用するように」と渡された薬を、一ヵ月の間、一度も飲まずにすみました。いまはステンドグラス制作に没頭していて、よく手に傷を作るのですが、壊疽になることはありません。

薬をやめてしばらくすると、体調が激変しました。三五度しかなかった体温が三六度に回復。尿量が増えて体に水が溜まらなくなり、冷えもなくなりました。冬は使い捨てカイロを肩、腰、太ももなどに八枚ほども貼り、夏でも足湯を欠かせなかった私が、昨年の冬はカイロなしで過ごせているのです。

体中がだるくて足も重いため、階段を上がることさえできなかったり、外出時に鍵を閉め忘れたのではないか、と些細なことで不安を覚えたり……。そんな症状もすっかりなくなりました。いずれも薬の副作用として説明されていたのですが、服用をやめてそれらの不快感が一気に消失し、驚きました。以前の状態に戻っただけなのに、すごく快適。大げさでなく、こんな日がくるとは思っていませんでした。

元気に保育園に通っています

悠も成長してくれました。出産後、初めて病院から自宅に戻ったときは、ミルクを送り込むために鼻から胃にチューブを通したままの姿で、ごろんと横になっているだけ。それがいまでは、手をつないでやれば家の階段の途中までとことこ上がれるようになりました。保育園で覚えてきたNHKの子ども番組『いないいないばぁっ!』の中の「ぐるぐるどっかーん!」の踊りも、毎日ご機嫌で披露してくれます。踊り終わると「どう? 私できるでしょ」と言いたげに、私の顔を見るんですよ。

平日は朝八時半から午後三時四五分まで保育園に通っています。お友達と広場での追いかけっこもできるようになりました。年長さんたちが「はるかちゃん」と呼んで一緒に遊んでくれますし、どんぐりや色とりどりの葉っぱを「これあげるね」と持ってきてくれることも。みんながかわいがってくれるので、保育園に行けばハッピーです。追いかけっこや踊りなど、健常な子どもたちがすることを真似てたくさんのことを覚えました。同じような年齢の子どもたちの中にいることで刺激を受けるのでしょう。

ただ、心臓疾患があり、呼吸器系にも問題を抱える悠にとって、大勢の中に入るということは常に感染症の危険が伴います。去年の冬は十月、十一月、十二月と三回入院しました。最初の二回は五日間の入院ですみましたが、三回目は二週間かかりました。咳が止まらないし、鼻水もひどく、高熱が出ますのでしんどいとは思うのですが、いつまでも無菌状態で育てるわけにはいきません。親である私たちが常に注意して、少しでも異変を感じたら素早く対処することで乗り切ろうと思っています。

風邪やインフルエンザの時期だからといって用心して保育園を休ませようと思ったことはありませんね。生まれたときのことを思えば、感染症にかかったとしても、少し入院するだけですむぐらい元気になってくれたわけです。それに、保育園のお友達と触れ合うことで得られる楽しみや喜びは、なににも代えがたいものですから。今年五月に日本に上陸した新型インフルエンザについても、必要以上に恐れることなく、冷静に対応していくつもりです。

体の中で光合成してる?

普段の悠は「ちょっとおとなしくしていてくれないかな」と思うことがあるほど、元気いっぱいです。今年九月で三歳になりますが、食事はいまも、小さなカップ半量のヨーグルトを一日二〜三回と、保育園でおかゆをすりつぶしたものを食べる以外は、三時間おきにミルクを飲むだけ。そのミルクも、一二〇ccの小さな哺乳瓶で作り、少ないときは五〇ccほどしか飲んでくれません。そんな状態なのにどこからエネルギーが湧き上がってくるのか不思議なくらい、日に日にパワーアップ。主人は「こいつは絶対、体の中で光合成しているに違いない」なんて言って、笑うんですよ。

離乳食への移行を勧められた当初は、一所懸命作ってもまったく食べてくれなくて、「いつになったら食べてくれるのかな」とマイナスな気分になったこともありました。でも、この子はまだ受け入れる準備ができていないのだと、気持ちを切り替えました。いまは小学校に上がるころには食べるかなあと、どーんと構えています。

「子どもだから、放っておいたら、お腹がすいて食べる」と言う人もいます。何人もの人が同じことを言うので、一度、そのアドバイスに従ったことがあるんですよ。そうしたら脱水症状を起こしてしまって、病院に走って点滴を打ってもらう羽目になりました。

そのとき「お腹がすいたら食べると聞いて、少し放っておいたんです」と説明したら、医師が「何事も例外はあるからね。一般的と言われていることは気にせず、この子に合わせて、のんびり養育しはったらよろしいわ」と。それを聞いて、どれだけ気が楽になったかしれません。

とはいえ、専門家から「このままでは咀嚼能力がなくなる」「嚥下できなくなる」と言われることもあります。でも、食べないものは食べないのですから、なんと言われてもいいんです。悠には悠のスピードがある、そう考えています。

言葉も同じ。まだ喃語《なんご》状態ですが、保育園から帰るとぺちゃくちゃ話をします。なにを言っているかはわからないのですが、お友達との楽しかったことを教えてくれているのだと思い、「そう、よかったね」と相槌を打ちながら聞いてます。そのうちダムから水があふれるように、言葉を話してくれるだろうと楽しみにしています。

ゆっくりと歩む

悠を授かったことによって、私の考え方も生き方も大きく変わりました。〝激動〟といっていいほどです。

弁護士になりたてのころを思い返すと、平日は少年事件を受任して朝から晩まで走り回り、週末は講演活動で全国を飛び歩いていました。担当している子どもから夜中に「死にたい」と電話がかかってきたら、「待っとき」と飛んでいく、就職口を探し回る、親との接触のために早朝や深夜の家庭訪問も厭わない、そんな日々でした。事務所の目と鼻の先の自宅に帰るのも眠るためにだけ。長生きするつもりはなく、自分の体のことは構わずに働いていました。

大阪市の助役として忙しく働いていたころも同じです。立ち直ってからの日々は本当に「生き急いで」いましたね。「やらなければ」という義務感だけに支えられて突っ走っていた。今日あった楽しいことを振り返ることもなく、常に明日のことばかり考えていて、「アレをせなアカン」「コレをせなアカン」と、追われるように仕事をこなしていました。空を見上げたことさえなかったほどです。傍目にはどう映っていたかはわかりませんが、自分を消耗品扱いし、日々は使い捨て状態でしたから、生きていて「楽しい」と感じたことはありませんでした。

でも、いまは違います。生まれてきてよかったなと思えるのです。他人との競争のなかに身を置くことをやめ、あるがままの自分を受けとめる生き方を始めたからこそ得られた、安らぎです。

こうした生き方を私に選択させてくれたのは悠でした。出産後、白血病で、そのうえ心臓に二ヵ所も穴が開いていると聞かされたときは、正直言って「この子はもうアカンかもしれない」と思いました。それで、主人と話し合って「いつまで生きられるかわからないけれど、彼女の一日一日を大事にしてやろう、三人で過ごす時間を大切にしていこう」と決めたのでした。去年六月、私たち一家が山間の地に移り住んだのは、それを単なるお題目にしておくのではなく、実践するためでした。

その転居時、過去の自分には戻らない決心をし、仕事用にとあつらえた四〇着あまりのスーツをすべて処分しました。どれも上質の生地で仕立てたもので、袖を通していないものもありました。でも、もったいないとは思いませんでした。それよりも自分の心が過去と決別できないことを恐れたのです。

昔は中身がないことを見破られるのが不安で、見かけだけでも格好をつけなくては人前に出られなかったわけですが、いまはユニクロのスウェットにジーンズとスニーカーが私の定番。娘の前だけでなく、どなたがいらしても普段着のままです。素の自分をさらけ出せるということは、これが私だという根っこを張れたということなのでしょう。心も体も本当にラクになりました。

「仕事をしていたときのほうが充実していたでしょう?」と聞かれることがありますが、「ノー」ですね。子育ては、一人前の大人にしていかなければならないので責任は大きいけれど、その分楽しみがあります。とくにダウン症の子は成長がゆっくりですから、普通の子ならできて当たり前のことでも訓練なくしてはできません。だから、できたときの喜びは大きいし、一つひとつの成長をもらさず見ることもできるのです。

子どもは三歳までに一生分の親孝行をすると言われます。それほど、その時期の子どもはかわいいわけです。うちの子は成長がゆっくりなので、一〇歳くらいまでかわいいのではないでしょうか。主人も「ひとよりもトクをしているよな」といつも言っています。

いまは、とにかく「他人よりも早く、急げ」の時代ですよね。悠がいなければ、私も、朝から晩まで多忙な生活を送ることに疑問を抱くことはなかったことでしょう。ゆっくりした人生を歩めること自体が、悠が私たち両親に与えてくれたプレゼントだと思っています。

障害を持つ子の母になってわかったこと

こうした生き方のきっかけを与えてくれたのが、岩元綾さんとご両親の著書『走り来れよ、吾娘よ――夢紡ぐダウン症児は女子大生』と『ことば育ちは心育て――ダウン症児のことばを拓く』でした。綾さんはダウン症児として初めて大学を卒業、現在は絵本の翻訳や講演活動などをしておられます。

悠がダウン症だとわかったとき、主人が病院に届けてくれたなかの二冊でした。専門書はもちろんのこと、どの本を読んでも知識は豊富になるのですが、一様に暗い気分になっていきます。親の手記の中には「死んでくれたほうがいいと思った」と書かれているものまであったのですから。

ところが、綾さんとご両親が書かれた本からは、愛情をかけてこまやかに育てていけば着実に成長するということが伝わってきたんですね。真綿にくるんで大事に育てるのではなく、刺激を与え続けることが大事なのだと発想も変わり、一筋の光を与えてもらった思いでした。

その後、悠のことを新聞で知った綾さんが「私はダウン症です。なにかお役に立つことがあるかもしれません」と事務所にメールをくださいました。たまたまＮＨＫの『福祉ネットワーク』という番組から取材依頼があったので「岩元綾さんがご出演くださるなら」とお引き受けし、綾さんとご両親にお目にかかりました。いまでこそダウン症の研究も進んでいますが、彼女が生まれたのは三五年前。しっかりした綾さんを目の前にして、暗い情報しか与えられなかった時代のなかで、よくここまできちんと育ててこられたなあ……とあらためてご両親のすばらしさを実感しました。

こう書くと、大平は娘を大学に行かせるつもりなんだと、そこに注目が集まるかもしれません。むろん本人にその気があり、学力が備わるなら大学進学も考えます。でも、なにがなんでも大学へと娘を追い立てるつもりはありません。ダウン症だからなにをやってもだめだと最初から諦めることはしませんが、やればできるはずと強いることの愚は、だれよりもわかっているつもりです。

ただ、綾さんが私たちに希望を与えてくれたように、悠もまた、どなたかの光となってくれるならこれほどうれしいことはないと考えています。一〇〇〇人に一人の割合で生まれてくるというダウン症児。その当事者となって戸惑っている方々がいらっしゃるなら、懸命に生きる悠の姿に希望を感じていただきたい。生まれてきた以上、悠にもなにかの形で社会貢献してほしいと願っていますから。

連載中、悠について公の場で書くことについて「障害を持つ子を親の勝手にしていいのか」と批判的な方もいらっしゃいました。でも私は障害があるからといって隠しておくべきだという考えには与しません。逆に、そう考える人々が障害者を家の中に閉じ込めてしまっているのだと訴えたい。障害者が社会の中でのびのびと生きていけるようになってこそ、健常者もまた生きやすくなります。

ダウン症児の母となって初めて、なにが自分にとって大切なものなのか、見えてきました。振り返るとそこにある家族の笑顔、新緑を揺らす風、水面をはねる陽光、ゆったりと流れる日々の時間、季節の移ろい——昔はなにも感じなかったことが、いまはどれも愛おしく思えるのです。

この作品は、『婦人公論』連載「今日を生きる」（08年3月22日号～09年3月7日号・全23回）に加筆訂正を行ったものです。

大平光代

1965年10月18日生まれ。
29歳で司法試験に1度で合格。弁護士として活躍し、
非行少年の更生に努める。2003年から05年まで、
大阪市助役を務めた。06年に結婚、娘の悠ちゃんを出産する。
09年4月、龍谷大学客員教授に就任。著書に、ベストセラーとなった
『だから、あなたも生きぬいて』等がある。

今日《きょう》を生《い》きる

２００９年７月10日初版発行
２００９年８月10日３版発行

著者　大平光代《おおひらみつよ》
発行者　浅海　保
発行所　中央公論新社
〒一〇四-八三二〇　東京都中央区京橋二-八-七
電話　販売〇三-三五六三-一四三一
　　　編集〇三-三五六三-二七六六
URL http://www.chuko.co.jp/

印刷　三晃印刷
製本　小泉製本

ISBN978-4-12-004039-9 C0095
定価はカバーに表示してあります。
落丁本・乱丁本はお手数ですが小社販売部宛お送りください。
送料小社負担にてお取り替えいたします。